GUY DE MAUPASSANT



# ÉCRITS SUR LE MAGHREB

## AU SOLEIL
## LA VIE ERRANTE

*Présentation par Denise Brahimi*

Minerve

# Présentation

## I

Ce n'est pas un hasard qui entraîne Maupassant à la découverte de ce pays que nous appelons le Maghreb. Ni même une occasion purement fortuite qui aurait pu lui révéler un goût et l'inciter ensuite à rechercher de nouveau ce plaisir. Sans doute, lorsqu'il embarque la première fois pour l'Algérie le 6 juillet 1881, Maupassant se considère comme journaliste, et de fait, il enverra onze chroniques au journal *Le Gaulois,* qui les publiera du 17 juillet au 19 octobre, lui-même étant rentré en septembre à Paris. Le prétexte de cette enquête sur le terrain était la rébellion du célèbre Bou-Amama, marabout de la tribu des Ouled Sidi Cheikh qui depuis deux ans déjà soulevait les tribus nomades du sud-oranais contre la domination française. Maupassant, comme on le verra, ne manque pas de s'intéresser au problème; il l'élargit même par un ensemble d'analyses du plus grand intérêt sur la situation coloniale. Mais c'est aussi la première fois qu'il met le pied sur le continent africain, et il vit là une découverte, d'abord physique, d'une grande intensité, dont ses chroniques portent abondamment témoignage. Quelles que soient les qualités, très évidentes, de journaliste politique, dont il fait preuve à cette occasion (Armand Lanoux, dans son *Maupassant Le Bel-Ami* déclare que le voyage en Algérie est un modèle d'enquête), il est aussi, et peut-être d'abord, dans cet ensemble de textes, un grand écrivain. Ecrivain déjà célèbre, grâce à la publication de *Boule de Suif* en cette même année 1881. Et d'ailleurs, il est si conscient de la valeur littéraire de ces articles et de leur place au sein de son œuvre qu'il les regroupe pour une publication chez l'éditeur Havard, en janvier 1884, sous le titre *Au soleil.* Le recueil ici reproduit sous ce titre, comme dans toutes les éditions de Maupassant, a donc été composé par l'auteur lui-même à partir de chroniques antérieurement publiées, mais il n'en a pas moins une évidente unité, ayant été écrit et conçu à l'occasion du même voyage.

La situation n'est pas tout à fait la même à l'égard du second recueil, *La Vie errante,* publié chez Ollendorff en mars 1890. A cette date Maupassant est retourné deux fois en Afrique du Nord, élargissant son domaine d'exploration à la Tunisie, où la France s'est implantée entre temps. Le voyage qui nourrit essentiellement ce nouveau recueil d'observations et réflexions débute à Alger le 4 octobre 1887. Maupassant ne voyage désormais que pour son plaisir et sans la moindre mission journalistique. Il va ensuite en train d'Algérie en Tunisie, où le clou de son voyage est la visite de Kairouan. Le 6 janvier 1888, il s'embarque pour rentrer à Marseille. Son séjour au total a donc duré trois mois, soit un mois de plus que le précédent. Il en est alors à une période de sa vie où sa difficulté d'être, considérable, le pousse toujours à de nouveaux déplacements, et notamment vers plus de chaleur, d'où son attirance pour les côtes d'Afrique, dès qu'approche l'hiver. Le 20 octobre 1888, il quitte la France pour un nouveau séjour africain, le troisième, et ne rentrera en France qu'au printemps suivant. Après la publication de *La Vie errante,* le 6 septembre 1890, il repart encore pour l'Algérie, désirant aller toujours plus au sud, car il a froid. De son second recueil, on peut dire aussi qu'il est composé de textes tous antérieurement publiés. La chronique intitulée « D'Alger à Tunis » parut dans *Le Gaulois* du 11 décembre 1888 sous le titre « Mosquée et Zaouïa », plus intéressant pour en apprécier le contenu. Le texte intitulé « Tunis » est composé de la réunion de deux chroniques publiées par *Le Gaulois* en janvier et février 1889. Au même moment paraissait dans la *Revue des deux mondes* « Vers Kairouan », qui constitue le dernier chapitre du recueil. Dans la mesure où, comme le dit Gilbert Sigaux dans sa préface aux éditions Rencontre en 1961, « il s'agit évidemment là d'un ouvrage né d'un rassemblement sans refonte», nous n'avons eu aucun scrupule à éliminer de cette réédition consacrée au Maghreb les quatre chapitres du recueil initial qui ne le concernaient pas («Lassitude», «La Nuit», «La Côte italienne», «La Sicile»). Les trois chapitres de *La Vie errante* ainsi «recentrée» empruntent des éléments aux deux voyages d'octobre 1887 et 1888, bien qu'ils soient plus nettement inspirés par le premier, d'ailleurs mieux connu par les biographes de l'auteur. C'est à propos du voyage de décembre 1890, celui dont il ne peut être question dans *La Vie errante*, qu'Armand Lanoux parle de l'intérêt de Maupassant pour la mystique musulmane, alors que cet intérêt est un aspect essentiel du recueil, comme nous le verrons.

On observe donc que de 1881 à 1890, c'est-à-dire pendant toute la période productive de sa vie, Maupassant n'a guère cessé d'être attiré par les pays d'Afrique du Nord ni d'intégrer à son œuvre l'ensemble de sensations et de réflexions qu'ils lui procuraient. Cette importance apparaît bien plus encore à l'examen de plusieurs nouvelles *(Allouma, Mohammed-Fripouille)* ou roman *(Bel-Ami)* qui sont des œuvres beaucoup plus connues. La relecture d'*Au soleil* et de *La Vie errante* devrait permettre à la fois de les situer dans l'ensemble de l'œuvre et de découvrir leur apport original. Commençons par ce dernier point, en recourant aux propres termes de Maupassant.

## II

Être enfin, nous dit-il, écrasé par une accablante chaleur, tel était son désir, le besoin de ressentir cela. Désir de Normand, sans doute, qui n'en aura jamais assez d'avoir chaud, et dont le rêve serait d'avoir enfin trop chaud, d'atteindre ce comblement jusqu'à l'excès. Rêve de malade aussi, que son état rendait très frileux (mais nos normes sur ce point semblent avoir beaucoup changé, puisqu'on apprend qu'il croyait faire «un feu d'enfer» lorsqu'il atteignait, sur la Côte d'Azur, en hiver, une température de vingt degrés). On peut encore penser qu'il recherche cette sensation d'écrasement pour des raisons plus intérieures, liées à la volonté de détruire ce qu'il ressent ordinairement. Ce poids de la chaleur, dont il parle au début d'*Au soleil,* est peut-être un moyen de compenser ou d'abolir le poids qu'on pourrait dire baudelairien « de tout ce qui écrase et torture notre vie », selon la formule employée par le narrateur d'*Allouma.* Naturellement, cet aspect des choses n'empêche pas l'impression d'être d'abord physique et il dit bien que la chaleur accablante agit sur lui comme l'un de ces puissants massages dont il éprouvait également le besoin. Mais il faut pour lui que cette action excessive provoque tout autre chose qu'un bien-être de la chair étendue ou épanouie. C'est à l'inverse à une sorte de dévoration ou d'absorption de la chair par le soleil qu'il aspire, et les images qu'il emploie à ce propos sont d'une violence sadique incontestable. Le soleil est un féroce ravageur qui mange la chair des vallons, le sirocco brûlant a des haleines lourdes, dévorantes, et surtout, de façon saisissante, les ravages du soleil sont comparés à ceux du vautour dépeceur de charognes, en sorte qu'ils se trouvent assimilés l'un à l'autre pour former l'image mythique du seul et dur maître qui règne sur ce pays. On songe à l'importance non moins mythique du vautour dans l'œuvre de l'Algérien Kateb Yacine. Mais il y a sans doute chez Maupassant un masochisme personnel qui trouve ici son compte, en même temps que son goût du macabre et son obsession de la mort. Sur le sol brûlé de l'Algérie, la mort est partout présente, dans son horreur physique, sous la forme de carcasses que vautours et chiens s'emploient à dépecer. Il y a une évidente complaisance de Maupassant à décrire ces charognes encore « baveuses » et plus ou moins déchiquetées. On reconnaîtra là une tendance naturaliste chez cet adepte des soirées de Médan, mais l'Algérie lui fournissait concrètement, quotidiennement, le matériau de ses descriptions. La Tunisie également, puisque dans *La Vie errante,* parcourant une région dont le sol est jonché de cadavres d'animaux, il explique qu'il n'est pas tombé une goutte d'eau pendant quinze mois et que la moitié des bêtes y sont mortes de faim. La mort au Maghreb est un spectacle naturel, ordinaire, elle n'y est pas occultée comme dans les pays « civilisés » qui veulent ainsi préserver l'activité inconsciente des vivants; Maupassant sent bien que ce pourrait être l'occasion d'acquérir avec elle cette familiarité qui serait justement le contraire de l'obsession et de la torture dont il souffre. Mais il reste finalement dans l'ambiguïté, au terme d'une tentative trop brève d'acclimatation. Il ressent avec une grande force et décrit de manière impressionnante l'absence de toute vie dans certains paysages complètement détruits par le feu. Cette absence et cette nudité des paysages désertiques, dévorés de lumière, lui donnent un sentiment de complétude et d'absolu, qui ne peut que s'accompagner d'un immense soulagement, puisque c'est aussi l'absence de tout désir : « Et là, pourtant, on ne désire rien, on n'aspire à rien ». Mais cette satisfaction, au sens plein du terme, qui est ou plutôt serait d'essence mystique, n'est indiquée que comme une voie possible, virtuelle, et qui reste sans doute profondément étrangère à la manière convulsive qu'un « civilisé » comme Maupassant peut avoir d'envisager la mort. On ressent bien cette différence, et cet écart qui le rejette vers ses angoisses de révolté, dans la manière, presque insoutenable, dont il décrit l'agonie d'un chameau abandonné. Terrifiante résignation de la bête qui a tout compris mais n'en regarde pas moins disparaître à l'horizon, sans un gémissement ni un geste, les derniers vivants qui auraient pu être son espoir de salut. Les attitudes en la matière ne se choisissent pas, et Maupassant ne peut éprouver, là comme ailleurs, qu'une horreur foncière. Il faut d'ailleurs reconnaître que ces scènes macabres restent anecdotiques, et que ces descriptions d'une horreur provocante font l'effet de morceaux de bravoure un peu appuyés, sans lien profond avec l'ensemble des impressions évoquées. Le Maghreb varie et renouvelle son bagage d'artiste, dans des domaines qu'il se plaît diversement à exploiter.

## III

Maupassant a très bien senti que la lumière maghrébine ouvrait aux artistes de nouvelles possibilités. Il y a à la fin de *La Vie errante* une page admirable, qui est à la fois l'aboutissement de ses investigations et l'ouverture vers de nouvelles voies où les peintres s'engageront : on est ici très près, et même par le style, des descriptions si précises et si détaillées que donne Proust des œuvres d'Elstir, le peintre de *La Recherche*. Il s'agit de la manière dont la lumière se décompose sur la coupole blanche d'une koubba, entre

Sousse et Kairouan. La variété des nuances et leur délicatesse, la poussière d'or et de mauve qui se dégage çà et là, sont un mélange d'influences préraphaélites et d'impressionnisme, mais d'un impressionnisme dont l'auteur précise qu'il ne pourra qu'évoluer et se changer en un art nouveau lorsque l'Europe aura intégré la leçon de la lumière africaine et de cet autre climat. Il est cependant remarquable que cette évocation si belle, presque prophétique, d'un ton solennel et vibrant, soit immédiatement suivie d'un petit tableau dans le goût orientaliste du temps, et dont l'agrément n'est guère que de convention. On y voit un jeune homme avenant, vêtu de vert et de rose, suivi d'un petit nègre tout en rouge qui porte son fusil. Tableau attendu certes et dont il y a bien d'autres exemples dans l'ensemble des deux recueils, notamment à propos de Tunis, où les descriptions abondent en couleurs franches et crues ainsi mises à plat. Cette facilité convient assez au genre journalistique, et Maupassant ne s'y refuse pas. Mais on voit bien qu'elle est sans commune mesure avec d'autres recherches et des pressentiments fulgurants que les chroniques n'ont pas le temps d'exploiter. Entre la Normandie humide et grasse et l'aridité éblouissante du Maghreb, Maupassant ne pouvait maintenir la balance égale, bien qu'il se plaise à souligner leur complémentarité. Il n'a pas consacré le même travail d'écriture aux sensations nouvelles que lui apportait ce second pays, et c'est sans doute la raison pour laquelle il se contente souvent d'en cerner ou d'en souligner l'étrangeté sans prétendre s'aventurer au-delà dans la recherche d'une autre esthétique. Son étonnement devant des formes inattendues l'amène parfois à y trouver de la drôlerie, tant il est vrai que la cocasserie est liée à l'absence d'un sens qui viendrait immédiatement se poser sur les êtres ou sur les objets. Mais plus souvent il s'engage sur une pente naturelle de sa vision, qui est de déceler le fantastique dans des agencements de lignes et de figures que rien ne permet de gommer au nom du naturel et du déjà-vu. Le chameau, par exemple, est pour lui un animal fantastique, surtout lorsqu'il entre en composition avec un Arabe et une charrue, dans un de ces attelages qu'il rencontre fréquemment à travers la Tunisie. Fantastiques encore les cactus écailleux semblables à des monstres et qu'il appelle des plantes « diaboliques », tant il lui paraît important de restituer la violence et la crudité surprenantes d'images entièrement nouvelles, pour lui comme pour ses lecteurs. Plutôt que d'y soupçonner la facilité d'un adjectif passe-partout, qui au demeurant ne saurait être indifférent, il faut sans doute voir dans la fréquence de ces images dites fantastiques l'idée que les figures se découpent autrement, dans une lumière et un espace qui eux aussi sont autres, et qu'au total cela constitue un monde différent. Mais la réalité du monde étant d'abord physique, c'est là qu'il convient de situer en premier lieu la différence, notion si essentielle pour tout ce que Maupassant veut dire et faire comprendre de ces pays. Le concept de fantastique ainsi employé est en fait assez simple, parce qu'il n'est pas analytique. Mais il met sur la voie d'une appréhension plus complexe et plus importante, qui peut se dégager dans quelques cas privilégiés. On le voit par exemple à la manière dont Maupassant présente quelques sites qui l'ont retenu par leur beauté. Dans le cas de Bougie, dont le golfe lui a tant plu qu'il le décrit encore au début de la nouvelle intitulée *Un soir,* il agrémente la description, qu'on pourrait dire très ordinaire, de quelques termes forts qui l'arrachent à sa banalité et sont chargés d'en souligner le caractère exceptionnel : incroyable transparence, hallucinations de pays invraisemblables. Inversement, lorsqu'il aborde Kairouan, dont il sait bien que ce sera le grand moment de son voyage en Tunisie, il y a comme une sorte d'absence provisoire de la description, justifiée par un brouillard providentiel, qui permet de lui substituer l'évocation saisissante d'une apparition fantomatique. Dans le rideau de pluie fouettée par le vent se dresse la forme immense du minaret qui décroît peu à peu, à mesure que d'autres masses monumentales se précisent à ses côtés. Ici, l'idée du fantastique, qui pourtant s'impose, n'est pas directement exprimée; il n'est question que d'un vague fantôme, sans que cet effet soit accentué, parce que tout le texte impose avec force l'idée d'une présence exceptionnelle, qui pour une part communique avec l'indicible. Cette première apparition prépare donc à ce que l'auteur va dire ensuite de l'architecture de la mosquée, mue « par une inspiration sublime » qui fut celle des premiers croyants. Ainsi paraît-il juste de recourir à une autre écriture pour parler de Kairouan, et admirable que Maupassant ait pressenti la nécessité d'une attitude très différente, presque effacée, pour aborder dans son bain de brume la capitale d'Okba. Une des qualités de ses chroniques est d'exprimer très justement le sentiment de ce qu'on ne saurait atteindre ni dire. C'est l'essentiel des réflexions que lui suggèrent ses premières rencontres avec les Arabes en Algérie.

## IV

Il y a au moins un risque, pourtant fréquent, que Maupassant ne prend pas en Algérie. C'est celui de recourir, pour juger les Arabes, aux opinions que les colons émettent sur eux. Non qu'il se refuse à fréquenter les colons, bien au contraire; les *Nouvelles* surtout tendent à faire croire qu'il a retrouvé parmi eux d'anciens compagnons ou amis; il a de plus certaines affinités avec cette sorte de paysans hobereaux, souvent amenés à s'expatrier par quelque aventure amoureuse ou tragédie personnelle, en tout cas à la recherche d'une paix intérieure par les voies de l'effort physique et de l'isolement. Mais il est trop lucide et trop réaliste pour ne pas voir à quel prix ces hommes réussissent à s'implanter, d'autant qu'il est venu justement pour conduire une enquête et voir comment les choses se passent sur le terrain. Et c'est en effet de terrain qu'il s'agit, c'est-à-dire, concrètement, d'expropriation, puisque « le colon ne voit dans l'Arabe que l'ennemi à qui il lui faut disputer la terre ». Dans ces conditions, il n'y a pas d'illusion à se faire : les rapports ne peuvent être que des rapports de haine, qui s'interdisent toute compréhension. D'ailleurs, comme Maupassant le constate avec un certain effarement dès son arrivée à Alger, les Algériens, c'est-à-dire les Français habitant cette ville, ne connaissent absolument rien de tout ce qui se passe à l'intérieur du pays. Ce n'est donc pas sur eux que le journaliste devra compter pour comprendre ce qu'il en est de l'affaire de Bou-Amama, et encore moins pour venir à bout de ce projet beaucoup plus ambitieux qu'il formulait dans l'optimisme des débuts, à savoir comprendre l'âme arabe, « ce qui se passe dans la tête », au lieu de peindre la tête seulement (ou de la couper, conformément au rêve des colons !)

Maupassant sur le terrain n'a pas renoncé à sa volonté de comprendre et d'analyser. Mais la partie était difficile, et l'on ne peut s'étonner qu'au cours d'un séjour réduit à deux ou trois mois, il ait dû recourir à des solutions d'attente, sinon de facilité. De toute manière, les Arabes sont le plus souvent des gens qu'il voit de loin; lorsqu'il les aperçoit, en groupes, au cours de ses déplacements, il est frappé, du moins chez les hommes, et surtout les cavaliers, par leur air de noblesse et de dignité. Mais cette allure splendide et fière, allant de pair avec l'impassibilité des traits, forme justement obstacle à son désir de comprendre et d'interpréter. Il parle souvent de ces attitudes un peu figées et silencieuses, dont on découvre tout à coup qu'elles recouvraient au contraire la violence du désir et d'une extrême tension. C'est, par exemple, l'immobilité attentive de tout un groupe d'hommes qu'il observe un soir, des hommes aux yeux fixes et silencieux. Et l'on comprend soudain que ce qui les fixait ainsi était l'attente d'un signal sur la colline d'en face, leur annonçant la fin du ramadan. Plus étrange encore et fascinante l'extrême rigidité de la face chez les danseuses des Ouled-Naïl, qui n'expriment l'intensité que par quelques brusques convulsions des doigts. D'un vif regard, Maupassant observe et note, et c'est pour lui l'incitation à une plus grande prudence. Non dans le domaine d'une sécurité qu'il conviendrait de préserver avec d'autant plus de vigilance, car il est au contraire remarquable de ne lui voir jamais manifester aucune inquiétude de cette sorte, ni pour lui, ni pour les autres. Mais prudence dans les appréciations à porter sur des gens qui de toute manière échappent; et l'on peut d'autant mieux l'admirer d'avoir compris cela qu'il ne s'abstient pas pour autant de chercher à pénétrer au-delà, mais dans la mesure seulement où il travaille, comme on le verra, à s'en donner les moyens. En attendant que se précise cette lente avancée dont *La Vie errante* portera les fruits, il a souvent recours, dans *Au soleil,* à des explications provisoires et un peu vagues, qui comportent par exemple le recours fréquent à la notion de sauvagerie ou de primitivité. « Divinités sauvages », les Ouled-Naïl qui suscitent chez leurs admirateurs une sorte d'adoration de primitifs; primitifs en effet, ces Arabes nomades qui ne s'attachent à rien, n'ont besoin de rien, et passent sur la terre sans se soucier d'y laisser leur trace. Ce serait bien mal connaître Maupassant, et négliger certaines de ses affirmations les plus personnelles, que de voir la moindre nuance péjorative dans ce recours à la notion de primitivité. Car s'il est vrai que les paysans normands, qui sont des primitifs à ses yeux, le sont parfois dans leurs pires aspects, il faut se souvenir que Maupassant lui-même se considérait comme un primitif, quels que soient les aménagements apportés en lui par la civilisation. Il dit aux premières lignes d'une nouvelle intitulée *Amour,* comme le rappelle René Dumesnil dans son *Guy de Maupassant :* « Je suis né avec tous les instincts et les sens de l'homme primitif, tempérés par des raisonnements et des émotions de civilisé ». La primitivité est sans doute pour lui la part la plus fascinante de l'être, même si elle le rend inaccessible aux autres (et éventuellement à lui-même), lorsqu'elle en est la composante essentielle. On comprend alors l'ambiguïté de l'attrait que les Arabes exercent sur lui : c'est justement parce qu'il les sent inconnaissables qu'il est tenté de mieux les connaître. A partir de là, il pose en principe que les véritables Arabes ne sont pas ceux qui sont accessibles, ceux des villes, les commerçants par exemple. Ce sont au contraire les Arabes des tentes, ceux qu'on voit surgir soudain « au galop furieux de leurs maigres chevaux, arrivant comme une tempête de linge flottant et de poussière ». Cette distance, et le désir complexe qu'elle entretient, l'amène alors à parler d'eux avec des images très belles, prêtant aux cavaliers la prestesse d'un vol d'hirondelles, et jusque dans la chute, la grâce des oiseaux blessés. Or on sait qu'une certaine animalité, dans les attitudes et même dans les traits, est toujours, chez lui, source d'attirance et d'éloge, car elle est la marque d'une limite à l'érosion subie par les civilisés. Le rapport des Arabes à la civilisation est au cœur de sa première enquête et de la critique qu'il y fait du système colonial.

## V

Maupassant, s'inscrivant par là dans une longue tradition européenne, trouve au Maghreb l'occasion de critiquer la civilisation occidentale, en même temps qu'il reproche à la France de ne pas savoir en assurer le bénéfice aux populations colonisées. À dire vrai, les deux attitudes ne sont pas vraiment chez lui simultanées, et il commence plutôt par la dernière, celle du reproche adressé à un système inefficace ou défaillant. D'autre part, son ton n'est pas celui qu'on trouve par exemple chez les philosophes du XVIIIe siècle, même s'il retrouve certains de leurs arguments; il est à la fois plus personnel et plus concrètement politique ou tactique. C'est, comme il le dit dès le début d'*Au soleil*, une question d'inadaptation. Sa critique est à la fois judicieuse et drôle lorsqu'elle porte sur des déplacements insolites de pratiques ou d'objets, qu'ils soient le fait des colons, ce qui est le cas le plus général, ou de tel caïd grisé par l'exemple du luxe européen et s'offrant un carosse pour faire des promenades dans le désert. Son étonnement le plus profond dans ce pays est que les colons ne sentent pas à quel point tout ce qu'ils prétendent y introduire est hors de propos, ou faisant contre-sens, comme il dit si bien. Fromentin avait déjà noté, dans ses récits algériens, le glissement sans pénétration des deux populations l'une contre l'autre, et Maupassant dit aussi des Arabes que la civilisation glisse sur eux sans les effleurer. Pourtant, il serait très faux d'imaginer qu'il en conclue à la nécessité de renoncer à tout espèce de contact. Quoi qu'il en soit de ses désirs personnels, il pense que de toute manière, les Arabes primitifs sont destinés à disparaître en tant que tels, et ce dans un assez proche avenir. Autant essayer que cette œuvre de civilisation, au sens actif du terme, se passe dans de bonnes conditions, de manière cohérente et pas trop absurde. Ce qui n'est pas gagné, loin de là, au moment où il mène son enquête. On trouve dans *Au soleil* toute une série de formules où il est question de la civilisation des Arabes, et plus encore des obstacles à cette civilisation. Formules manifestement empruntées au style officiel, bien que Maupassant les rattache à des analyses qui sont de son fait et qui, loin de suivre la ligne officielle, en soulignent les contradictions. Grave erreur selon lui que la politique de la France qui consiste à faire ses alliés, ses amis et ses représentants de chefs comme l'agha de Saïda (qui est à l'origine de toute l'affaire de Bou-Amama), car ces petits potentats, soutenus par l'autorité militaire, sont le plus grand obstacle à la pénétration de la civilisation française dans les tribus. L'idée de Maupassant (peut-être aidé dans ses réflexions par quelque observateur local) est qu'il faudrait remplacer ces chefs par des fonctionnaires vivant dans les tribus : « De cette façon, la civilisation, peu à peu, pourrait pénétrer dans ces contrées, une fois ce grand obstacle écarté. » Une autre analyse l'amène à conclure que les usuriers juifs, qui, selon lui, tiennent sous leur coupe tout le sud de l'Algérie, sont « le fléau, la plaie saignante de notre colonie, le grand obstacle à la civilisation et au bien-être de l'Arabe ». C'est donc presque toujours dans une perspective critique que ce terme de civilisation apparaît, comme ce qu'il faudrait atteindre, mais surtout ce dont on est loin. En fait, lorsque Maupassant dit avoir rencontré au Maghreb un état de civilisation avancée, il n'est pas le fait des Européens, mais ne doit au contraire sa survie qu'à une défense farouche contre leur pénétration. C'est le cas du Mzab qui, grâce à l'industrie et à la sagesse de ses habitants, donne toutes « les preuves d'une civilisation avancée ». Or on sait que les Mozabites, même s'ils vont souvent s'instruire à l'extérieur de leur pays, en défendent le plus possible l'accès. Maupassant n'a donc pas une vision strictement européocentriste de la civilisation, il est même plutôt enclin à penser que cette conception est bien illusoire. Illusoire l'idée selon laquelle la science moderne nous préserve des épidémies et assure la salubrité de nos villes : l'exemple de Tunis est là pour prouver qu'une ville où les ruisselets d'immondices se promènent en plein soleil peut être parmi les plus saines qui soient. Illusoire aussi l'idée d'un plus grand respect humain chez les civilisés : qu'on voie plutôt la manière dont ils empilent et écrasent leurs morts à peine décomposés à la porte des villes pour économiser leur précieux terrain. On ne peut donc guère prétendre inscrire Maupassant dans un débat où s'opposeraient laudateurs et détracteurs de la civilisation, car ce n'est pas ainsi qu'il pose le problème et ressent la difficulté. La notion de différence — et en cela il est très moderne c'est-à-dire très proche de nous — lui paraît plus propre à rendre compte d'un écart sans doute difficilement surmontable. En dehors du problème politique qui est celui de son enquête, le domaine où il se sent le plus à l'aise et le plus compétent est celui des mœurs, objet habituel de ses observations d'écrivain. Aussi est-ce là surtout qu'il va explorer des différences dont même les militaires et administrateurs devraient bien s'aviser de tenir compte. Maupassant en tout cas est frappé par des détails que d'aucuns jugeraient sans doute minimes mais qui lui paraissent révélateurs. La façon par exemple dont un enfant de douze ans, fils de bach'agha, est intégré au monde des adultes, y compris pour ses relations avec les femmes : « Comme nous voici loin », dit l'auteur, « de nos mœurs françaises. » La question serait de savoir si Maupassant n'exagère pas, et pour quelles raisons, cette distance qu'il étend des coutumes et des idées jusqu'à l'instinct. Ce qu'il dit de l'homosexualité paraît bien surprenant de la part d'un homme qui était maître en matière de libertinage et particulièrement averti à l'égard de tout ce qu'on appelait alors les perversions. Est-ce par aveuglement « d'homme à femmes » qu'il décrète cette « déviation de l'instinct » presque inimaginable pour des Européens de son temps ? Cela paraît bien gros. Faut-il alors y voir de sa part une pure hypocrisie, qui lui permettait de raconter quelques anecdotes croustillantes aux lecteurs du *Gaulois* en se mettant à l'abri d'une censure encore féroce, dans ce domaine notamment ? On peut aussi penser qu'il est à l'affût de toutes les occasions pour souligner cette notion de différence à laquelle il tient, parce qu'elle est de toute manière une des bases de sa vision du monde. Il faut bien se rappeler que les Arabes de ses chroniques ne sont pas plus différents du civilisé moyen que les paysans normands tels qu'il les peint dans ses *Contes*. L'idée d'une universalité du genre humain au sein de laquelle nous serions tous semblables, tous frères, est une de celles que son œuvre dément le plus férocement. D'où la tendance à faire remonter la différence jusqu'aux instincts les plus profonds, parce qu'il lui paraît théoriquement insuffisant de la limiter à la coutume. Mais les problèmes théoriques n'étant pas directement son fait, car il se veut tout sauf un intellectuel, il s'en tient le plus souvent à ces fameux détails révélateurs, scènes, gestes, anecdotes, qui sont la vérité de toute son œuvre et qui permettent de passer d'une perception particulière au sentiment du général. Pas besoin d'être philosophe pour cela; il suffit, comme le héros narrateur de la nouvelle intitulée *Allouma*, qui est directement tirée de l'expérience algérienne de Maupassant, d'avoir vécu une aventure bien ordinaire, juste une histoire et presque une rencontre, avec quelqu'un de ce pays. Le héros d'*Allouma*, sans agressivité ni rancœur, tire les conclusions de son échec à retenir la jeune femme qui porte ce nom auprès de lui, et l'on pourrait dire que ces mêmes conclusions sont sans cesse à l'arrière-plan, ou plutôt affleurent et se dégagent, des chroniques d'*Au soleil.* Nous ignorons tout, dit-il en substance (c'est un Français qui parle) de ce peuple vaincu depuis presque soixante ans, qui reste totalement impénétrable à toute domination ou influence réelle de son vainqueur. Et c'est de là qu'il passe — on comprend bien que ce « il » n'a pas cessé d'être Maupassant — à l'affirmation d'une « infranchissable et secrète barrière que la nature incompréhensible a verrouillée entre les races », formule qui pose évidemment la question d'un racisme de Maupassant, du moins si l'on prend les choses à la lettre. À l'égard des Arabes, c'est en fait l'idée de barrière et d'indéfinissable qui est la clef de tout ce qu'il écrit. Mais il est évident qu'à la différence de ce qui se passe à notre époque, le mot race n'est pour lui aucunement tabou, pas plus que pour personne d'autre en son temps, ce qu'il faut préciser à l'égard d'un autre problème abondamment évoqué dans les chroniques, à savoir le problème juif.

## VI

Le lecteur d'aujourd'hui ne sera pas moins heurté par les pages des chroniques consacrées aux Juifs que par ce qu'il y est dit de l'homosexualité. Il faut évidemment faire la part de l'histoire, et rappeler que ces textes sont écrits avant l'Affaire Dreyfus, que Maupassant de toute manière ne connaîtra pas. Ce qu'il connaît en revanche, quand il est à Paris, ce sont les riches banquiers juifs, dont le Walter de *Bel-Ami* et le financier de *Mont-Oriol* sont les répliques romanesques. C'est à eux ou à leurs épigones qu'il pense lorsqu'il écrit dans « Le Zar'ez » : « Les Juifs que nous connaissons, que nous coudoyons chaque jour, nos voisins et nos amis, sont des hommes du monde instruits, intelligents, souvent charmants ». On sait d'ailleurs qu'à ces hommes, dont il juge sévèrement les opérations financières, il préférait les femmes, belles et mondaines, telles Marie Kann, juive petite-russienne, ou Geneviève Straus, fille de Fromental Halévy, dont le salon sera fréquenté par Marcel Proust. Armand Lanoux rappelle à ce propos qu'il y aura des gens (dont les Goncourt) pour reprocher à Maupassant ce genre de fréquentations ; ses censeurs les plus sévères seront des antisémites notoires comme La Varende et Paul Morand.

C'est donc à partir de là qu'il faut juger les réflexions, pour nous extrêmement choquantes, inspirées à Maupassant par les Juifs du Maghreb. Son admiration pour les belles juives de Constantine aux bras de statue en est bien le seul élément positif. Dans tous les autres cas, l'horreur et le dégoût commencent avec la description physique, qui mêle un incontestable racisme à la présentation ethnographique (s'agissant du gavage des filles à marier par exemple). Il faut pourtant observer qu'au lieu de procéder par affirmations de principe tenant lieu de toute justification, comme le fait le racisme ordinaire, il part au contraire de l'analyse très concrète de situations, de comportements, et au total d'une politique qui est celle de la France, dont les Juifs se trouvent profiter si l'on veut, compte tenu des égorgements périodiques dont Maupassant fait d'ailleurs mention. On lira dans « Le Zar'ez » et dans *La Vie errante* à propos des Juifs de Kairouan, la description de tous ces procédés d'usure déloyale qui mettent les pauvres Arabes, mais même les caïds et les bach'aghas, aux mains des Juifs dans de nombreuses régions. Dans tous les cas, Maupassant note que ce pouvoir acquis par les Juifs date de l'occupation française, qu'il s'agisse de pure négligence ou d'une action plus concertée. S'agissant de leur rôle traditionnel et antérieur à l'occupation, on peut penser que le jugement serait autre, puisqu'il dit des Mozabites, à l'égard desquels on sait son admiration, qu'on les a surnommés les Juifs du désert, en un temps où les Mozabites et les Juifs étaient « les seuls marchands, les seuls négociants, les seuls êtres industrieux de toute cette partie de l'Afrique ». Il y a donc eu dégénérescence au sein d'une société où les rôles traditionnels sont perturbés, dans un système qui favorise incontestablement la corruption et se donne pour son malheur des intermédiaires tout à fait néfastes à son propre projet : on a bien vu que sur ce point, les Juifs sont considérés par Maupassant de la même manière que les chefs arabes prétendûment gagnés à la cause française et formant cependant obstacle à l'avancée de cette cause dans les tribus. Au total, tous ces aspects déplaisants rentrent donc dans le cadre d'une critique en règle de la politique française, et c'est de loin l'intérêt essentiel des chroniques réunies dans *Au soleil*, qui, sans parti-pris évident au départ, en arrivent à constituer un réquisitoire documenté, argumenté, très digne de figurer dans une histoire de la pensée anticoloniale.

## VII

Si l'on voulait absolument découvrir chez Maupassant un parti-pris ou un préjugé formé antérieurement à son premier voyage en Algérie, c'est peut-être d'un préjugé antimilitariste qu'il faudrait parler, en tout cas d'une propension à ressentir l'absurdité de l'organisation militaire et de l'armée. Les *Nouvelles* qui lui ont été inspirées par sa participation à la guerre de 1870, dont le souvenir le poursuivra sa vie durant, montrent assez son horreur de la boucherie guerrière et son mépris pour le comportement des armées en général. Il est plus intéressant, pour la compréhension de ses réactions en Algérie, que cette guerre de 1870-1871 ait abouti à une occupation de la France par l'armée ennemie, car il se trouvait de ce fait préparé à ressentir et à analyser les sentiments du vaincu face à son occupant. Mais on sait déjà que dans son appréciation des Arabes, il regroupe tout cela au sein de ce qu'il décrit comme leur forme de résistance passive et impénétrable. Chez les militaires français il distingue ce qui relève des attitudes personnelles, très attachantes pour certains d'entre eux, et ce qui caractérise le parti militaire en général, étonnamment porté à commettre les plus grossières erreurs. Certaines sont traitées dans le style férocement grotesque des *Nouvelles :* il en est ainsi à la fin de la chronique intitulée « La Province d'Oran ». Pour tout ce qui concerne le soulèvement de Bou-Amama, dans les pages qui lui sont consacrées, le ton est celui de la dénonciation scandalisée, car scandale il y a. Pourrait-on croire en effet, sans ce témoignage d'un enquêteur impartial, que pour s'emparer du caïd d'une tribu du sud révoltée, on envoie un officier français escorté de *quatre* hommes seulement (c'est Maupassant qui souligne le mot *quatre*) ? D'autant que la même légèreté recommence de façon systématique, bien qu'elle aboutisse toujours au massacre, évidemment. Sans sous-estimer Bou-Amana, « le hardi marabout », Maupassant montre pourtant que ses ruses sont étonnamment servies par les erreurs de tactique des militaires français qui tombent dans le panneau à pieds joints. Face aux résultats misérables de tout cela, Maupassant maintient parfois le ton d'humour féroce, mais il ne se refuse pas celui de l'émotion indignée, à l'idée que, comme le lui disent les gens du pays, on aurait pu « éviter cette boucherie avec un peu de prévoyance ». D'une manière générale et bien qu'il ne reprenne pas le vieux débat (presque aussi vieux que la colonisation de l'Algérie elle-même) entre administration civile et administration militaire, il est bien clair que Maupassant n'est pas favorable à cette dernière et la rend responsable de beaucoup d'échecs, sinon d'un échec généralisé. Pourtant ce n'est pas encore là le nœud du problème selon lui, et il ne servirait sans doute pas à grand chose de remplacer les militaires par des administrateurs civils tant que ces derniers seront tels qu'il a pu les observer. On est presque surpris de voir Maupassant détailler ce problème avec un intérêt qui n'a aucune raison d'être feint, et en parler avec tout le sérieux, la compétence de quelqu'un qui serait un spécialiste de la question. On a peut-être trop tendance à considérer que de son passage au ministère (de la Marine), pour des raisons alimentaires il est vrai, Maupassant n'aurait tiré que du mépris pour les petits bureaucrates. Il semble en avoir gardé aussi une manière précise et argumentée de justifier ce mépris, si l'on en juge par la présentation qu'il fait des administrateurs envoyés en Algérie, ceux du modèle courant, le cas des exceptions heureuses étant réservé. Les petits jeunes gens en question (c'est un homme de trente et un ans qui parle !) n'ont vraiment pas la moindre chance de faire un travail correct, quelle que soit leur bonne volonté au départ. Et quand le gouvernement croit s'en tirer en nommant comme administrateurs d'anciens militaires, membres retraités des Bureaux arabes, qui du moins connaissent le pays, c'est, dit Maupassant, revenir au problème précédent, car pourquoi supposer qu'ils seront habiles et efficaces dans le civil s'ils ne l'ont pas été dans l'armée ? Enfin et quand bien même et le pouvoir civil et le pouvoir militaire seraient exercés correctement, le contrôle de la France serait encore inopérant et sa présence bafouée, comme le prouve l'exemple de Boukhari sur lequel Maupassant s'est particulièrement documenté. Dans ce point névralgique d'une extrême importance pour les rapports entre le littoral et le sud, le commandant et l'administrateur n'ont de pouvoir que sur des zones sans intérêt, tandis que la commune est régie benoîtement par un maire à la française. Découpage absurde, qui condamne chacun à être inefficace. Tout cela pourrait n'être qu'un chapitre de plus dans le grand sottisier de la bureaucratie si l'exercice d'un pouvoir réel n'était rendu particulièrement indispensable dans ce pays par l'état de conflit permanent qui y sévit. La grande loi de la vie algérienne est ainsi exposée sans ambages par Maupassant lorsqu'il atteint la Kabylie : « Dans toute cette contrée fertile, la lutte est terrible entre l'Européen et l'indigène pour la possession du sol. »

## VIII

La grande force de Maupassant est dans un langage direct, qui ne s'embarrasse pas de circonlocutions. S'il faut çà et là rendre un hommage officiel — et pourquoi pas mérité — il le fait. Mais pour le reste, il dit les choses avec une totale netteté, et des mots résolument percutants. Qu'on en juge par la conclusion de tout cet étonnant article sur la Kabylie dont nous venons de voir l'ouverture : « Enfin, pour résumer la question de la colonisation, le gouvernement, afin de favoriser l'établissement des Européens, emploie vis-à-vis des Arabes, des moyens absolument iniques. » Tout ce qui sépare l'introduction de la conclusion étant de la même teneur et de la même tenue, on admettra qu'il y a là un document de première force sur ce que fut l'occupation de la Kabylie par les Français pendant les cinquante premières années de la colonisation. Il faut dire que le Maupassant des *Nouvelles*, celui qui au même moment était en train de concevoir son immense œuvre de fiction, était particulièrement apte à saisir toutes les formes de ce que, dans un autre langage, on appelle l'exploitation de l'homme par l'homme et qu'il aurait plutôt désigné sous le nom de cruauté, d'avidité, et d'égoïsme sans frein. D'autant que pour tout ce qui concerne la possession de la terre et l'âpreté de la convoitise qu'elle suscite, la fréquentation du monde paysan lui avait beaucoup appris. Il est frappant de voir que l'exploitation cynique du travail des autres est un des premiers traits qu'il note dès son arrivée dans la ville d'Alger : c'est l'histoire du petit cireur dont un plus grand vole immédiatement le salaire de deux sous, qu'il guettait d'ailleurs tranquillement depuis le début de l'opération. Nous voilà prévenus, et par quelqu'un qui s'y connaît puisque c'est un officier d'Afrique, que telle est la grande loi de ce pays. Ote-toi de là que je m'y mette, pourrait-on dire plus trivialement. Il faut d'ailleurs bien voir que ce n'est pas, de la part de Maupassant, une attitude partisane, qui lui inspirerait son point de vue de « Français de France » contre les colons. L'histoire de la vieille Alsacienne échouée sur une terre aride où l'on ne saurait faire pousser un chou pourrait être le sujet d'une de ces histoires navrantes si fréquentes dans les *Nouvelles*. Il y a eu trop souvent supercherie et drame pour qu'on puisse ignorer la catégorie des pauvres colons. C'est une des raisons pour lesquelles il préfère le système tunisien employé pour l'exploitation du domaine de l'Enfida, qu'il visite à son voyage de 1887. La société franco-africaine qui le gère prend en charge aussi bien les indigènes que les Européens venus pour y travailler et il n'y a pas cette âpre lutte pour la survie qui est si féroce en Algérie. Ici la situation est due en partie à l'irresponsabilité du gouvernement français qui n'entreprend pas les travaux nécessaires à l'exploitation d'un plus grand nombre de terres. Maupassant qui a vu le barrage de l'Habra au moment où il partait en train à la recherche de Bou-Amama, ajoute lorsqu'il reprend ses notes que le barrage s'est écroulé un an plus tard sans que personne ne s'émeuve du désastre. Dans ces conditions, un état de crise à peu près permanent paraît inévitable, ce qui signifie le renouvellement de soulèvements sporadiques à la manière de celui de Bou-Amama. Quels que soient les aspects particuliers et anecdotiques de cette affaire, d'ailleurs fort bien décrits par Maupassant, l'important est de dégager le problème de fond dont elle est révélatrice. Le chapitre sur la Kabylie en donne justement la clef, à propos des différents systèmes d'expropriation. Quand une famille de cultivateurs a épuisé la somme dérisoire qu'on lui donne en échange de sa terre, c'est la misère, qui pousse bientôt les hommes à prendre un fusil pour suivre « un Bou-Amama quelconque », selon le schéma devenu classique de ce qu'on appelle les révoltes de la faim. Dans le chapitre consacré à Bou-Amama lui-même, Maupassant adopte sans hésiter ce principe d'explication, confirmé par le fait que toutes les actions de sa bande consistent à piller des silos ou des convois. On remarquera qu'il songe aussi à l'explication par le fanatisme religieux, mais pour l'éliminer. À ce stade brutal et primitif où les populations sont réduites à l'affamement, c'est l'économique qui prime, et Maupassant se refuse à rejeter ailleurs une responsabilité trop évidente à ses yeux. On pourrait penser que c'est aussi parce que ce premier voyage ne lui a pas encore permis de comprendre toute l'importance de l'Islam auprès des Arabes, mais cette explication ne vaut pas, car c'est justement le moment où, pour cette raison, il invoque volontiers, de manière vague et teintée de racisme, leur fanatisme. Il évite donc très volontairement d'y avoir recours dans l'affaire de Bou-Amama, parce qu'il veut mettre l'accent sur l'entière responsabilité des spoliateurs qui, en faisant crever les gens de misère, selon sa forte expression, les poussent à se révolter. Toute cette inconscience suicidaire des colons trouve son couronnement et, si l'on ose dire, son feu d'artifice, dans l'immense incendie dont la description occupe la fin du chapitre consacré à la Kabylie. C'est la confirmation effrayante et grandiose des sombres pronostics qui s'en dégagent. Bien qu'il s'agisse d'un incendie très réel, appartenant à cette série d'incendies d'origine criminelle dont Maupassant dit qu'ils se reproduisaient tous les quatre ou cinq ans, on ne peut s'empêcher de lui trouver, dans ce contexte, une valeur symbolique. D'ailleurs l'auteur en a particulièrement soigné la présentation, non seulement pour l'effet descriptif, mais encore pour suggérer ce mélange ambigu d'effroi et de ravissement qu'il avoue avoir éprouvé à mesure qu'il avançait dans le pays en feu. Rien ne dit dans le texte que cet immense embrasement soit comparable à celui d'une révolte libératrice, et c'est nous, lecteurs d'après les Indépendances, qui savons que cette image a été employée par la suite. Mais il y a chez Maupassant lui-même des figures qui mettent étrangement sur la voie : « L'incendie, comme une armée assiégeante, enfermait la ville, se resserrait autour d'elle. » Et cela au moment même où il affirme que les foyers sont allumés par les Kabyles ! Ou encore, autre image de guerre et d'angoisse, celle des colons inquiets qui demandent aux voyageurs des nouvelles du feu, « comme on s'informait en France, au moment de la guerre allemande, de la marche de l'ennemi ». Et d'ailleurs, dans certaines dépêches des administrateurs que Maupassant reproduit pour attester l'ampleur du désastre, le grand nombre des victimes et l'origine criminelle du feu, on voit bien que la plus grande inquiétude est de sentir derrière ces actions multiples un projet concerté, une organisation rigoureuse, en vertu de quoi tout se passe « en exécution d'un mot d'ordre donné ». On trouvait déjà, chez le Fromentin d'*Une année dans le Sahel*, des récits ou des scènes à valeur de parabole, l'adjectif « prophétique » étant ici trop fort, et surtout prématuré. De la même manière, ce final somptueux et terrifiant du chapitre sur la Kabylie, malgré l'ultime simulacre d'apaisement, suggère que la colonisation en Algérie, à défaut de volcan, s'est installée sur un brasier.

## IX

À Tunis aussi, Maupassant éprouve le sentiment de se méprendre : ainsi lorsqu'il se trouve dans une maison publique et soupçonne tout à coup que c'est aussi un temple. Naturellement tout ceci est manière de dire, mais révèle des interrogations et peut-être des découvertes, qui sont un aspect important de *La Vie errante*. On ne voyait guère apparaître, dans *Au soleil*, l'idée d'une civilisation autre, Maupassant décrivant Alger comme une ville peuplée de colons, tandis que les populations de l'intérieur lui font plus ou moins l'effet de sauvages. Il n'est pas complètement ignorant d'un passé parfois très proche, mais n'y fait que des allusions indirectes, par exemple quand il parle de la forteresse élevée à Saïda par Abd-el-Kader et dont l'occupation française n'a laissé que des ruines. Pourtant, l'insistance qu'il met à rappeler que personne, parmi les Européens, ne sait rien de ce qui se passe à l'intérieur des tribus, est une sorte de précaution contre la tentation de jugements simplistes et lapidaires, y compris les siens propres. Pour un être sensible comme lui, c'est beaucoup par le biais de l'émotion artistique que se fait la révélation d'une autre culture, bien que ce langage renvoie plus à notre époque qu'à la sienne. Il y a, par exemple, ce moment très beau où, dans une maison publique de Tunis (celle-là même dont la véritable destination n'est peut-être pas ce qu'on croit), deux bergers kabyles se mettent à jouer de la flûte, pour le plaisir de faire admirer leur talent. Le silence qui s'installe alors dans ce lieu inattendu pour un tel concert, le surgissement des flûtes dont la fraîcheur agreste n'est pas moins insolite, puisqu'il s'agit de « deux vrais roseaux coupés par eux au bord d'une rivière », tout contribue enfin à faire de ce moment inespéré une irruption de la grâce, au sens esthétique sinon spirituel du mot. Maupassant, toujours pudique à sa manière lorsqu'il s'agit de ce qui l'a ému, ne parle que de « sensations », mais la façon dont il les dépeint en dit beaucoup plus. Dans cette admirable et bouleversante évocation de la musique produite par cet instrument trop peu connu (du moins des citadins et des occidentaux en général), on peut certes apprécier la prouesse verbale de l'auteur, qui réussit une difficile transposition des sons en mots, mais il y a plus encore : la reconnaissance d'une beauté autre, et qui vous touche au cœur bien qu'elle soit inconnue.

Comme on pouvait s'y attendre de la part de Maupassant, c'est aussi la beauté des femmes qui lui révèle ce qu'il n'avait pas soupçonné d'abord, l'ancienneté d'une culture et d'une civilisation. Et ceci n'a rien à voir avec la lascivité ou l'obscénité, qu'il est justement loin de goûter, du moins en ces lieux (la fameuse danse du ventre a décidément du mal à se faire apprécier des voyageurs européens, en attendant que le tourisme de masse ne se repaisse de ses versions galvaudées !). Chez la jeune fille de quinze ans, dont il admire la beauté saisissante dans la maison publique de Tunis, il ne voit que la tête, et encore s'en tient-il aux lignes, en sorte qu'il en parle comme d'un dessin. Ce que la pureté et la perfection des traits lui révèlent, c'est l'ancienneté du modèle transmis sans défaillance, et l'intégrité d'une appartenance sans bâtardise. Pas l'ombre d'une grivoiserie dans le ton qu'il emploie pour en parler, mais plutôt une sorte de considération et de respect. On retrouve aussi à ce propos l'idée d'un absolu sans nuances dont nous avons déjà vu qu'il était suggéré par l'ensemble du pays, de son climat, de sa réalité physique. Mais lorsque ces impressions se dégagent d'une femme, elles ne peuvent que toucher différemment. Même si l'on ne saurait dire, d'abord, de quelle façon. Car il en est de cette beauté comme de la voix du mufti, dont Maupassant dit qu'elle « vagit une espèce de chant triste qu'on n'oublie jamais quand une fois seulement on a pu l'entendre. » C'est qu'elle sait pénétrer jusqu'à cela qui est *dans* la tête, et que Maupassant déclarait vouloir connaître au moment où il arrivait à Alger pour la première fois.

Parmi les moments où l'on sent que Maupassant franchit les bornes qu'il a lui-même posées comme étant celles de la différence et de l'inconnaissable, il y a, paradoxalement, celui de sa rencontre avec la folie. Cette folie maghrébine, il la découvre en visitant le plus grand hôpital de Tunis, et, pour une fois, il n'hésite pas à parler de l'émotion qu'elle a suscitée en lui. Naturellement, on voit bien pourquoi, en n'importe quel lieu, le spectacle de la folie avait toutes les raisons de le frapper vivement, et sachant comment il passa les deux dernières années de sa vie dans la clinique du docteur Blanche, on ne saurait lire les pages consacrées aux fous de Tunis avec indifférence. En ce qui concerne l'émotion ressentie par Maupassant lui-même, on peut aussi la rattacher à ce qu'il savait à cette époque de la fin inévitable qui attendait son frère Hervé. On a par exemple une lettre de lui à son père qui date sans doute de la fin de 1888 (Hervé mourra le 13 novembre 1889); il écrit alors : « J'ai conduit hier Hervé dans l'asile d'aliénés de Montpellier plein de fous sordides et affreux. J'irai l'y reprendre demain. » Mais ce qu'il y a d'étrange, c'est qu'il ne trouve les fous de Tunis ni sordides ni affreux, parlant au contraire de « déments effrayants et admirables » et soulignant lui-même le fait qu'ils lui semblent plus émouvants que les pauvres fous des hospices français. Le costume (« oriental ») y est sans doute pour quelque chose, et aussi l'origine particulière de cette folie, généralement due au kif selon lui. Il y a cependant un cas qui pourrait être encore une fois le sujet d'une de ses *Nouvelles*, c'est celui du Mozabite devenu fou pour avoir retrouvé son jeune fils mort après deux jours de recherche. Mais celui qui frappe le plus Maupassant et donne l'impression générale de tout le passage, c'est le fou à allure de sage, majestueux et calme, qui depuis quinze ans joue le rôle du Roi des Rois. Il faut prendre au sérieux l'étonnante affirmation qui termine ce passage et qui parle certes de pitié mais aussi d'envie, car ces hallucinés, par le patient recours à la pipe de kif, ont trouvé moyen de vivre désormais dans l'état de rêve réalisé. Que Maupassant pense avec envie à « la petite pipe bourrée de quelques feuilles jaunes », cela paraît certain, bien que rien ne permette d'affirmer s'il y a ou non goûté. Mais d'une manière plus générale, on peut dire que la rencontre avec ces fous est un moment important de son voyage parce qu'elle lui révèle, de façon immédiate et touchante, l'existence d'êtres sensibles, souffrants, à l'égard desquels il ressent moins la différence et davantage la fraternité. L'étrangeté du costume joue sans doute, paradoxalement, comme un renforcement de cette proximité ou même de cette similitude, prouvant que derrière l'oripeau, si bigarré soit-il, c'est toujours le même rêve qui s'abrite. Il faut enfin noter que cette visite bouleversante précède juste, dans son récit, celle des « mauvais lieux de plaisir arabes », dont la maison publique. Dans un cas comme dans l'autre, l'émotion ressentie n'a rien à voir avec ce qu'on attendait d'abord et dément toute tendance à la facilité. Les chroniques maghrébines de Maupassant doivent très peu à l'exotisme, et, (comme les récits algériens de Fromentin), en sont un déni dans leurs meilleurs moments. Sans doute cet héritier spirituel de Flaubert est-il protégé du lieu commun par haine de la bêtise. Mais sans entreprendre ici une comparaison avec le *Voyage en Orient* de son Maître, on peut dire que Maupassant développe peu à peu, du fait de ses voyages successifs, une curiosité et un intérêt qui l'entraînent sur des voies nouvelles, très différentes de ses réactions au départ. Maupassant à la découverte de l'Islam, c'est un sujet peut-être inattendu, dont il faut enfin parler.

## X

Quand Maupassant arrive en Algérie pour la première fois, le ramadan vient juste de commencer. Bonne occasion, semble-t-il, d'apprécier le respect des prescriptions religieuses chez les musulmans. Ce qu'il fait, mais avec une grande irritation, sans doute répandue chez les Français, puisqu'on apprend qu'un des officiers dont il s'est fait l'accompagnateur demande à ses spahis de ne pas amoindrir leurs forces en jeûnant. Maupassant donne l'impression de répéter un discours appris lorsqu'il raconte que les musulmans sont persuadés d'aller au ciel s'ils tuent un roumi pendant la période du ramadan. Le détail est d'ailleurs intéressant parce qu'il confirme l'impression qu'une grande inquiétude règne, pendant toute cette période où il les fréquente, chez les militaires dont il rapporte l'opinion. On a peur, notamment, que la fin du ramadan n'entraîne une recrudescence de la violence et des soulèvements. Pour ce qui est de Maupassant lui-même, son sentiment est alors mitigé. Lorsqu'il va pour la première fois dans une mosquée, le spectacle, incontestablement, l'impressionne, et la foi musulmane le frappe comme une évidence, sans commune mesure avec celle que les catholiques prétendent exprimer en venant agiter périodiquement des chaises d'église. Immédiatement après ses propos contre le fanatisme furieux, il y a donc, déjà, mention d'un « indéfinissable sentiment de respect », ce qui n'est pas rien pour l'époque, et surtout pour le milieu que Maupassant fréquente à ce moment-là. La fin de ce premier passage consacré à la foi musulmane est belle, parce qu'elle marque une sorte d'élévation et d'émotion que l'écrivain appelle de la pitié, et l'on sait à quel point ce sentiment est également présent dans de nombreuses *Nouvelles*. Mais ici il s'élargit et se transforme, peut-être parce qu'il est suscité par toute la communauté des hommes prosternés, dans le cadre de la mosquée qui leur assure cohésion et force. Maupassant ne parlerait pas de « la lumière douce tombant des lustres » s'il n'en ressentait lui-même l'effet, ainsi que de la mélopée prolongée presque à l'infini. On peut y voir une première annonce de ce qu'il dira plus tard sur l'entraînement physique auquel se soumettent les mystiques. Mais il faut à ce pressentiment le temps de mûrir en lui. Lorsqu'il revient en Algérie, pour ce deuxième voyage dont il est fait état au début de la chronique intitulée « D'Alger à Tunis », la maturation est accomplie. Un peu trop même, pourrait-on dire, dans la mesure où il donne à sa nouvelle conviction la forme systématique d'une théorie. L'idée est que la religion est la clef de tout ce qui se passe en Algérie, car nous sommes « chez des hommes où l'idée religieuse domine tout » ; et il pose cela d'emblée comme *le* principe unique d'explication, qui de ce fait se substitue à l'explication antérieure par la primitivité ou la sauvagerie. Comme toujours, c'est l'écrivain et non le penseur qui nous touche, quand il commence à décrire des choses vues et senties, concrètement. Cette seconde visite de mosquée (comme texte) est beaucoup plus diversifiée que la première, même si elle reprend l'idée d'une grande supériorité de la mosquée sur l'église en tant qu' « asile de foi ». Pas question de pitié cette fois-ci, mais au contraire d'une attirance, et d'un respect devenu plus proche, plus familier, moins extérieur et lointain. Car c'est justement un sentiment de proximité physique et sociale (entre riches et pauvres) que lui donne la mosquée, avec son absence d'apparat. Cette intimité de la vie religieuse musulmane, il la perçoit mieux encore chez les femmes, qui sont chez elles dans la zaouïa, familièrement accroupies contre le tombeau du saint. Il voit tant de naturel, tant de grâce naïve dans leurs attitudes, qu'on le retrouve aux antipodes de ses affirmations premières sur le fanatisme, conquis par une religion qui est d'abord une manière d'être, dans tous les gestes du quotidien. C'est évidemment dans « Vers Kairouan » que Maupassant fait le bilan des connaissances qu'il a acquises en matière d'Islam. Au moment où il rédige, il est clair qu'il s'est beaucoup documenté à différentes sources, notamment livresques, et pas seulement en lisant le livre du commandant Rinn, *Marabouts et Khouan*, qu'il cite à propos des confréries. Il a voulu prendre une vue d'ensemble du problème, et c'est d'ailleurs par là qu'il commence sa chronique, sur une vision panoramique du « sol illimité de l'Islam », de Constantinople à Khartoum et de Tanger à Java. Nous sommes très habitués, maintenant que l'Islam est à la mode, à ce genre de tableau introductif, mais on le trouvait plus rarement à l'époque de Maupassant, qui peut légitimement juger ces informations indispensables pour son lecteur. Et il n'était pas si commun non plus de mettre sur le même plan les trois monothéismes, faisant de Mohammed, comme dit Maupassant, le « frère d'Aïssa et de Moïse ». L'histoire de la fondation de Kairouan par Okba lui est connue, l'histoire légendaire du moins. Mais ce qui l'attire dans cette ville se situe d'emblée au-delà de l'anecdotique, comme on l'a vu dans le récit de sa première apparition, noyée de brouillard et de pluie. Cette ville lui permet d'unir un sentiment de dureté sauvage, souvent ressenti au Maghreb, à l'idée d'une grandeur saisissante et farouche. Aussi peut-il reprendre le terme de « fanatisme », mais associé à celui de « noblesse misérable et hautaine », et de la fusion des deux sort l'épithète traditionnelle de Kairouan la Sainte, qu'il reprend à son compte sans hésiter. Austérité et misère qui mettent en valeur, d'ailleurs, les humbles biens vendus dans les boutiques, au point que l'on comprend déjà comment tout, en ce lieu, devient bouleversant. De la mosquée de Kairouan, tout ce qu'il dit, et qui est riche d'informations très exactes, est repris en charge par la volonté de transcrire sa « foudroyante émotion ». Le fanatisme, par l'effet d'un retournement désormais complet, est devenu l'essence même de « l'inspiration sublime » qui anime toute la construction. L'analyse qu'il fait alors de ce sublime, si différent de celui que l'on ressent dans les églises gothiques, est intéressante parce qu'elle mêle à l'exactitude objective des observations le retour à un thème personnel que nous avons déjà trouvé chez lui. C'est l'idée de la pesanteur, ici définie comme une sensation de l'âme, et qui est provoquée dans la mosquée par le peu d'élévation de cet immense édifice. De la pesanteur, impression d'écrasement que lui donnaient en Algérie la chaleur accablante et le soleil, nous savons qu'il l'aime, que c'est cela précisément qu'il est venu chercher. On peut donc penser qu'il ne se contente pas de comprendre, mais sans doute partage le sentiment du croyant musulman « écrasé sous la puissance d'un Dieu ». Mais alors, quel chemin parcouru depuis ses débuts au Maghreb, dont il pensait ne rien attendre que la sensation purement physique et la satisfaction de quelques curiosités journalistiques. Il est désormais capable d'apprécier la civilisation islamique dans son double aspect, représenté à Kairouan par le contraste des deux mosquées, celle qu'on vient de voir, Djama-Kébir, et celle de Sidi-Sahab, dite mosquée du Barbier. C'est ici la grâce décorative qui l'emporte, et les jeux de la lumière sur les faïences qui recouvrent « cet immense palais d'émail ». On peut dire qu'à Kairouan, Maupassant est entièrement séduit et conquis par la richesse de l'art musulman. Cette approche surtout esthétique de la spiritualité est de sa part le fait d'un artiste, mais il ne s'en tient pas là. La suite de la chronique consacrée à Kairouan, jusqu'au départ pour Sousse, constitue une étude développée sur les confréries musulmanes, inspirée certes du livre de Rinn, mais orientée par son intérêt personnel pour ces questions. Maupassant, bien qu'il sache le rôle des confréries dans la résistance à l'occupation française, ne reprend pas à leur égard sa première acception du mot « fanatisme » ; au contraire, tout son effort consiste à isoler dans leurs pratiques ce qui est véritablement mystique, pour le rendre accessible à la sensibilité d'un lecteur européen. Il pose d'emblée l'idée d'une grande ressemblance entre les confréries musulmanes et les ordres catholiques, et ce n'est d'ailleurs pas la première fois qu'il ressent de telles similitudes. Parlant des femmes musulmanes qui ont besoin du marabout entre elles et Dieu, il disait déjà : « Dans la religion catholique, n'avons-nous pas les saints et la Vierge Marie, avocats naturels des timides auprès de Dieu ? » Cette sorte de fil conducteur se poursuit tout au long de son étude, souligné par lui. Le rapprochement devient particulièrement frappant lorsqu'il en arrive à la description du septième degré de l'extase mystique, ou béatitude, selon Cheik-Snoussi ; il s'écrie alors : « Ne voilà-t-il pas les sept châteaux du ciel de sainte Thérèse et les sept couleurs correspondant aux sept degrés de l'extase ? » Cette notation a frappé Armand Lanoux, mais il est bien intéressant d'observer qu'il y voit le fait d'un « anticlérical amusé », ce que rien n'autorise, comme on s'en rendra compte, dans le texte de la chronique. C'est simplement que le biographe recule et hésite devant un aspect inattendu de son auteur, au point de multiplier les formules dubitatives. Honnêtement il tient compte de ce qu'il trouve, mais pour s'en étonner. C'est ainsi qu'il écrit encore, à propos du voyage entrepris par Maupassant le 6 septembre 1890 : « Il se familiarise avec la mystique musulmane — pourtant si loin de lui — ses marabouts et ses saints. » Il y a donc là chez Maupassant des curiosités (le mot est peut-être faible) dont on peut imaginer qu'elles se seraient accrues si la maladie et la mort n'étaient venues les interrompre. En tout cas, l'administration française de l'époque aurait pu tenir compte davantage de ce qu'il écrivait des savants théologiens placés à la tête de certaines confréries, « hommes vraiment supérieurs, aussi instruits théoriquement que redoutables diplomates dans leurs relations avec nous ». De nos jours, c'est plutôt la description de l'initiation mystique qui intéressera, et la part de l'entraînement physique dans cette marche vers Dieu, telle que l'a décrite Éva de Vitray-Meyerovitch à propos des soufis. Maupassant fait un travail précis, comparant méthodiquement les pratiques des différents ordres, Khelouatya ou Quadrya. Mais c'est à propos des Aïssaoua que l'on sent le mieux l'orientation personnelle de sa réflexion. Ces « jongleurs hystériques », tristement célèbres pour les convulsions affreuses et dégoûtantes auxquelles ils se livrent, sont pourtant des poètes qui ont donné de l'amour la plus admirable définition. N'y a-t-il pas là un aveu, rapide et voilé, de la contradiction dont Maupassant se sentait porteur, lui dont le cynisme n'a d'égale que la pudeur et qui a écrit à propos de lui-même : « Mes yeux disent à mon cœur : cache-toi, vieux, tu es grotesque. »

L'étude enfin s'achève par un retour aux Mozabites ou Béni-Mzab, dont il a déjà beaucoup parlé. C'est la rigueur de leurs exigences morales, intégrées à l'organisation sociale, qui est ici montrée. Ce propos justifie la comparaison avec l'Église presbytérienne d'Écosse, mais il en est une autre, que Maupassant reprend ici pour la seconde fois et qui peut passer pour un aveu plus politique. C'est la comparaison avec la Commune de Paris : « Le Mzab est une république ou plutôt une commune dans le genre de celle que tentèrent d'établir les révolutionnaires parisiens en 1871. » Rappelons que tout le passage, après cela, est un éloge enthousiaste de l'organisation de ce pays. On voudra bien en conclure que les rencontres de Maupassant avec le Maghreb ont éveillé en lui plus d'un écho, et qu'ils méritent d'être entendus.

Denise BRAHIMI

[illegible]

[illegible] la Commune de Paris [illegible]

[illegible]

# AU SOLEIL

A Pol Arnault

La vie si courte, si longue, devient parfois insupportable. Elle se déroule, toujours pareille, avec la mort au bout. On ne peut ni l'arrêter, ni la changer, ni la comprendre. Et souvent une révolte indignée vous saisit devant l'impuissance de notre effort. Quoi que nous fassions, nous mourrons ! Quoi que nous croyions, quoi que nous pensions, quoi que nous tentions, nous mourrons. Et il semble qu'on va mourir demain sans rien connaître encore, bien que dégoûté de tout ce qu'on connaît. Alors on se sent écrasé sous le sentiment de « l'éternelle misère de tout », de l'impuissance humaine et de la monotonie des actions.

On se lève, on marche, on s'accoude à sa fenêtre. Des gens, en face, déjeunent, comme ils déjeunaient hier, comme ils déjeuneront demain : le père, la mère, quatre enfants. Voici trois ans, la grand-mère était encore là. Elle n'y est plus. Le père a bien changé depuis que nous sommes voisins. Il ne s'en aperçoit pas; il semble content; il semble heureux. Imbécile !

Ils parlent d'un mariage, puis d'un décès, puis de leur poulet qui est tendre, puis de leur bonne qui n'est pas honnête. Ils s'inquiètent de mille choses inutiles et sottes. Imbéciles !

La vue de leur appartement, qu'ils habitent depuis dix-huit ans, m'emplit de dégoût et d'indignation. C'est cela, la vie ! Quatre murs, deux portes, une fenêtre, un lit, des chaises, une table, voilà ! Prison ! prison ! Tout logis qu'on habite longtemps devient prison ! Oh ! fuir, partir ! fuir les lieux connus, les hommes, les mouvements pareils aux mêmes heures, et les mêmes pensées, surtout.

Quand on est las, las à pleurer du matin au soir, las à ne plus avoir la force de se lever pour boire un verre d'eau, las des visages amis vus trop souvent et devenus irritants, des odieux et placides voisins, des choses familières et monotones, de sa maison, de sa rue, de sa bonne qui vient dire : « Que désire monsieur pour son dîner », et qui s'en va en relevant à chaque pas, d'un ignoble coup de talon, le bord effiloché de sa jupe sale, las de son chien trop fidèle, des taches immuables des tentures, de la régularité des repas, du sommeil dans le même lit, de chaque action répétée chaque jour, las de soi-même, de sa propre voix, des choses qu'on répète sans cesse, du cercle étroit de ses idées, las de sa figure vue dans la glace, des mines qu'on fait en se rasant, en se peignant, il faut partir, entrer dans une vie nouvelle et changeante.

Le voyage est une espèce de porte par où l'on sort de la réalité connue pour pénétrer dans une réalité inexplorée qui semble un rêve.

Une gare ! un port ! un train qui siffle et crache son premier jet de vapeur ! un grand navire passant dans les jetées, lentement, mais dont le ventre halète d'impatience et qui va fuir là-bas, à l'horizon, vers des pays nouveaux ! Qui peut voir cela sans frémir d'envie, sans sentir s'éveiller dans son âme le frissonnant désir des longs voyages ?

On rêve toujours d'un pays préféré, l'un de la Suède, l'autre des Indes; celui-ci de la Grèce et celui-là du Japon. Moi je me sentais attiré vers l'Afrique par un impérieux besoin, par la nostalgie du désert ignoré, comme par le pressentiment d'une passion qui va naître.

Je quittai Paris le 6 juillet 1881. Je voulais voir cette terre du soleil et du sable en plein été, sous la pesante chaleur, dans l'éblouissement furieux de la lumière.

Tout le monde connaît la magnifique pièce de vers du grand poète Leconte de Lisle.

> Midi, roi des étés, épandu sur la plaine,
> Tombe, en nappes d'argent, des hauteurs du ciel bleu.
> Tout se tait. L'air flamboie et brûle sans haleine;
> La terre est assoupie en sa robe de feu.

C'est le midi du désert, le midi épandu sur la mer de sable immobile et illimitée, qui m'a fait quitter les *bords fleuris* de la Seine chantés par Mme Desboutières, et les bains frais du matin, et l'ombre verte des bois pour traverser les solitudes ardentes.

Une autre cause donnait en ce moment à l'Algérie un attrait particulier. L'insaisissable Bou-Amama conduisait cette campagne fantastique qui a fait dire, écrire et commettre tant de sottises. On affirmait aussi que les populations musulmanes préparaient une insurrection générale, qu'elles allaient tenter un dernier effort, et qu'aussitôt après le ramadan la guerre éclaterait d'un seul coup par toute l'Algérie. Il devenait extrêmement curieux de voir l'Arabe à ce moment, de tenter de comprendre son âme, ce dont ne s'inquiètent guère les colonisateurs.

Flaubert disait quelquefois : « On peut se figurer le désert, les pyramides, le Sphinx, avant de les avoir vus; mais ce qu'on ne s'imagine point, c'est la tête d'un barbier turc accroupi devant sa porte. »

Ne serait-il pas encore plus curieux de connaître ce qui se passe dans cette tête ?

# LA MER

MARSEILLE palpite sous le gai soleil d'un jour d'été. Elle semble rire, avec ses grands cafés pavoisés, ses chevaux coiffés d'un chapeau de paille comme pour une mascarade, ses gens affairés et bruyants. Elle semble grise avec son accent qui chante par les rues, son accent que tout le monde fait sonner comme par défi. Ailleurs un Marseillais amuse, et paraît une sorte d'étranger, écorchant le français ; à Marseille, tous les Marseillais réunis donnent à l'accent une exagération qui prend les allures d'une farce. Tout le monde parler comme ça, c'est trop troun de l'air ! Marseille au soleil transpire, comme une belle fille qui manquerait de soins, car elle sent l'ail, la gueuse, et mille choses encore. Elle sent les innommables nourritures que grignotent les Grecs, les Italiens, les Maltais, les Espagnols, les Anglais, les Corses, et les Marseillais aussi, pécaïre, couchés, assis, roulés, vautrés sur les quais.

Dans le bassin de la Joliette les lourds paquebots, le nez tourné vers l'entrée du port, chauffent, couverts d'hommes qui les emplissent de paquets et de marchandises. L'un d'eux, l'*Abd-el-Kader*, se met tout à coup à pousser des mugissements, car le sifflet n'existe plus, il est remplacé par une sorte de cri de bête, une voix formidable qui sort du ventre fumant du monstre.

Le vaste navire quitte son point d'attache, passe doucement au milieu de ses frères encore immobiles, sort du port, et, brusquement, le capitaine ayant jeté par son porte-voix qui descend dans les profondeurs du bateau, le commandement : « En route », il s'élance, pris d'une ardeur, ouvre la mer, laisse derrière lui un long sillage, pendant que fuient les côtes et que Marseille s'enfonce à l'horizon.

C'est l'heure du dîner, à bord. Peu de monde. On ne se rend guère en Afrique en juillet. Au bout de la table, un colonel, un ingénieur, un médecin, deux bourgeois d'Alger avec leurs femmes.

On parle du pays où l'on va, de l'administration qu'il lui faut.

Le colonel réclame énergiquement un gouverneur militaire, parle tactique dans le désert et déclare que le télégraphe est inutile et même dangereux pour les armées. Cet officier supérieur a dû éprouver quelque désagrément de guerre par la faute du télégraphe.

L'ingénieur voudrait confier la colonie à un inspecteur général des Ponts et Chaussées qui ferait des canaux, des barrages, des routes et mille autres choses.

Le capitaine du bâtiment laisse entendre, avec esprit, qu'un marin ferait bien mieux l'affaire, l'Algérie n'étant abordable que par mer.

Les deux bourgeois signalent les fautes grossières du gouverneur ; et chacun rit s'étonnant qu'on puisse être aussi maladroit.

Puis on remonte sur le pont. Rien que la mer, la mer calme, sans un frisson, et dorée par la lune. Le lourd bateau paraît glisser dessus, laissant derrière lui un long sillage bouillonnant, où l'eau battue semble du feu liquide.

Le ciel s'étale sur nos têtes, d'un noir bleuâtre, ensemencé d'astres que voile par instants l'énorme panache de fumée vomie par la cheminée ; et le petit fanal en haut du mât a l'air d'une grosse étoile se promenant parmi les autres. On n'entend rien que le ronflement de l'hélice dans les profondeurs du navire. Qu'elles sont charmantes, les heures tranquilles du soir sur le pont d'un bâtiment qui fuit !

Toute la journée du lendemain, on pense, étendu sous la tente, avec l'Océan de tous les côtés. Puis la nuit revient, et le jour reparaît. On a dormi dans l'étroite cabine, sur la couchette en forme de cercueil. Debout, il est quatre heures du matin.

Quel réveil ! Une longue côte, et, là-bas, en face, une tache blanche qui grandit — Alger !

# ALGER

FÉERIE inespérée et qui ravit l'esprit ! Alger a passé mes attentes. Qu'elle est jolie, la ville de neige sous l'éblouissante lumière ! Une immense terrasse longe le port, soutenue par des arcades élégantes. Au-dessus s'élèvent de grands hôtels européens et le quartier français, au-dessus encore s'échelonne la ville arabe, amoncellement de petites maisons blanches, bizarres, enchevêtrées les unes dans les autres, séparées par des rues qui ressemblent à des souterrains clairs. L'étage supérieur est supporté par des suites de bâtons peints en blanc ; les toits se touchent. Il y a des descentes brusques en des trous habités, des escaliers mystérieux vers des demeures qui semblent des terriers pleins de grouillantes familles arabes. Une femme passe, grave et voilée, les chevilles nues, des chevilles peu troublantes, noires des poussières accumulées sur les sueurs.

De la pointe de la jetée le coup d'œil sur la ville est merveilleux. On regarde, extasié, cette cascade éclatante de maisons dégringolant les unes sur les autres du haut de la montagne jusqu'à la mer. On dirait une écume de torrent, une écume d'une blancheur folle ; et, de place en place, comme un bouillonnement plus gros, une mosquée éclatante luit sous le soleil.

Partout grouille une population stupéfiante. Des gueux innombrables, vêtus d'une simple chemise, ou de deux tapis cousus en forme de chasuble, ou d'un vieux sac percé de trous pour la tête et les bras, toujours nu-jambes et nu-pieds, vont, viennent, s'injurient, se battent, vermineux, loqueteux, barbouillés d'ordure et puant la bête. Tartarin dirait qu'ils sentent le « Teur » (Turc) et on sent le Teur partout ici.

Puis il y a tout un monde de mioches à la peau noire, métis de Kabyles, d'Arabes, de nègres et de blancs, fourmilière de cireurs de bottes, harcelants comme des mouches, cabriolants et hardis, vicieux à trois ans, malins comme des singes, qui vous injurient en arabe et vous poursuivent en français de leur éternel « cïé mosieu ». Ils vous tutoient et on les tutoie. Tout le monde ici d'ailleurs se dit « tu ». Le cocher qu'on arrête dans la rue vous demande : « Où je mènerai toi. » Je signale cet usage aux cochers parisiens qui sont dépassés en familiarité.

J'ai vu, le jour même de mon arrivée, un petit fait sans importance et qui pourtant résume à peu près l'histoire de l'Algérie et de la colonisation.

Comme j'étais assis devant un café, un jeune mauricaud s'empara, de force, de mes pieds et se mit à les cirer avec une énergie furieuse. Après qu'il eut frotté pendant un quart d'heure et rendu le cuir de mes bottines plus luisant qu'une glace, je lui donnai deux sous. Il prononca « méci mosieu », mais ne se releva pas. Il restait accroupi entre mes jambes, tout à fait immobile, roulant des yeux comme s'il se fût trouvé malade. Je lui dis : « Va-t'en donc, arbico. » Il ne répondit point, ne remua pas, puis, tout à coup, saisissant à pleins bras sa boîte à cirage il s'enfuit de toute sa vitesse. Et j'aperçus un grand nègre de seize ans qui se détachait d'une porte où il s'était caché et s'élançait sur mon cireur. En quelques bonds il l'eut rejoint, puis il le gifla, le fouilla, lui arracha ses deux sous qu'il engloutit dans sa poche et s'en alla tranquillement en riant, pendant que le misérable volé hurlait d'une épouvantable façon.

J'étais indigné. Mon voisin de table, un officier d'Afrique, un ami, me dit : « Laissez donc, c'est la hiérarchie qui s'établit. Tant qu'ils ne sont pas assez forts pour prendre les sous des autres, ils cirent. Mais dès qu'ils se sentent en état de rouler les plus petits ils ne font plus rien. Ils guettent les cireurs et les dévalisent. » Puis mon compagnon ajouta en riant : « Presque tout le monde en fait autant, ici. »

Le quartier européen d'Alger, joli de loin, a, vu de près, un aspect de ville neuve poussée sous un climat qui ne lui conviendrait point. En débarquant, une large enseigne vous tire l'œil : « Skating-Rink algérien » ; et, dès les premiers pas, on est saisi, gêné, par la sensation du progrès mal appliqué à ce pays, de la civilisation brutale, gauche, peu adaptée aux mœurs, au ciel et aux gens. C'est nous qui avons l'air de barbares au milieu de ces barbares, brutes il est vrai, mais qui sont chez eux, et à qui les siècles ont appris des coutumes dont nous semblons n'avoir pas encore compris le sens.

Napoléon III a dit un mot sage (peut-être soufflé par un ministre) : « Ce qu'il faut à l'Algérie ce ne sont pas des conquérants, mais des initiateurs. » Or nous sommes restés des conquérants brutaux, maladroits, infatués de nos idées toutes faites. Nos mœurs imposées, nos maisons parisiennes, nos usages choquent sur ce sol comme des fautes grossières d'art, de sagesse et de compréhension. Tout ce que nous faisons semble un contresens, un défi à ce pays, non pas tant à ses habitants premiers qu'à la terre elle-même.

J'ai vu quelques jours après mon arrivée un bal en plein air à Mustapha. C'était la fête de Neuilly. Des boutiques de pain d'épice, des tirs, des loteries, le jeu des poupées et des couteaux, des somnambules, des femmes-silures, et des calicots dansant avec des demoiselles de magasin les vrais quadrilles de Bullier, tandis que derrière l'enceinte où l'on payait pour entrer, dans la plaine large et sablonneuse du champ de manœuvres, des centaines d'Arabes, couchés, sous la lune, immobiles en leurs loques blanches, écoutaient gravement les refrains des chahuts sautés par les Français.

# LA PROVINCE D'ORAN

POUR aller d'Alger à Oran il faut un jour en chemin de fer. On traverse d'abord la plaine de la Mitidja, fertile, ombragée, peuplée. Voilà ce qu'on montre au nouvel arrivé pour lui prouver la fécondité de notre colonie. Certes la Mitidja et la Kabylie sont deux admirables pays. Or la Kabylie est actuellement plus habitée que le Pas-de-Calais par kilomètre carré ; la Mitidja le sera bientôt autant. Que veut-on coloniser par là ? Mais je reviendrai sur ce sujet.

Le train roule, avance ; les plaines cultivées disparaissent ; la terre devient nue et rouge, la vraie terre d'Afrique. L'horizon s'élargit, un horizon stérile et brûlant. Nous suivons l'immense vallée du Chelif, enfermée en des montagnes désolées, grises et brûlées, sans un arbre, sans une herbe. De place en place la ligne des monts s'abaisse, s'entr'ouvre comme pour mieux montrer l'affreuse misère du sol dévoré par le soleil. Un espace démesuré s'étale, tout plat, borné, là-bas, par la ligne presque invisible des hauteurs perdues dans une vapeur. Puis sur les crêtes incultes, parfois, de gros points blancs, tout ronds, apparaissent, comme des œufs énormes pondus là par des oiseaux géants. Ce sont des marabouts élevés à la gloire d'Allah.

Dans la plaine jaune, interminable, quelquefois on aperçoit un bouquet d'arbres, des hommes debout, des Européens hâlés, de grande taille, qui regardent filer le convoi, et, tout près de là, des petites tentes, pareilles à de gros champignons, d'où sortent des soldats barbus. C'est un hameau d'agriculteurs protégé par un détachement de ligne.

Puis, dans l'étendue de terre stérile et poudreuse, on distingue, si loin qu'on la voit à peine, une sorte de fumée, un nuage mince qui monte vers le ciel et semble courir sur le sol. C'est un cavalier qui soulève, sous les pieds de son cheval, la poussière fine et brûlante. Et chacune de ces nuées sur la plaine indique un homme dont on finit par distinguer le burnous clair presque imperceptible.

De temps en temps, des campements d'indigènes. On les découvre à peine, ces douars auprès d'un torrent desséché où des enfants font paître quelques chèvres, quelques moutons ou quelques vaches (paître semble infiniment dérisoire). Les huttes de toile brune, entourées de broussailles sèches, se confondent avec la couleur monotone de la terre. Sur le remblai de la ligne un homme à la peau noire, à la jambe nue, nerveuse et sans mollets, enveloppé de haillons blanchâtres, contemple gravement la bête de fer qui roule devant lui.

Plus loin, c'est une troupe de nomades en marche. La caravane s'avance dans la poussière, laissant un nuage derrière elle. Les femmes et les enfants sont montés sur des ânes ou des petits chevaux ; et quelques cavaliers marchent gravement en tête, d'une allure infiniment noble.

Et c'est ainsi toujours. Aux haltes du train, d'heure en heure, un village européen se montre : quelques maisons pareilles à celles de Nanterre ou de Rueil, quelques arbres brûlés alentour, dont l'un porte des drapeaux tricolores, pour le 14-Juillet, puis un gendarme grave devant la porte de sortie, semblable aussi au gendarme de Rueil ou de Nanterre.

La chaleur est intolérable. Tout objet de métal devient impossible à toucher, même dans le wagon. L'eau des gourdes brûle la bouche. Et l'air qui s'engouffre par la portière semble soufflé par la gueule d'un four. À Orléansville, le thermomètre de la gare donne, à l'ombre, quarante-neuf degrés passé !

On arrive à Oran pour dîner.

Oran est une vraie ville d'Europe, commerçante, plus espagnole que française, et sans grand intérêt. On rencontre par les rues de belles filles aux yeux noirs, à la peau d'ivoire, aux dents claires. Quand il fait beau on aperçoit, paraît-il, à l'horizon les côtes de l'Espagne, leur patrie.

Dès qu'on a mis le pied sur cette terre africaine, un besoin singulier vous envahit, celui d'aller plus loin, au sud.

J'ai donc pris, avec un billet pour Saïda, le petit chemin de fer à voie étroite qui grimpe sur les hauts plateaux. Autour de cette ville rôde avec ses cavaliers l'insaisissable Bou-Amama.

Après quelques heures de route on atteint les premières pentes de l'Atlas. Le train monte, souffle, ne marche plus qu'à peine, serpente sur le flanc des côtes arides, passe auprès d'un lac immense formé par trois rivières que garde, amassées dans trois vallées, le fameux barrage de l'Habra. Un mur colossal, long de cinq cents mètres, haut et large de quarante mètres, contient, suspendus au-dessus d'une plaine démesurée, quatorze millions de mètres cubes d'eau.

(Ce barrage s'est écroulé l'an suivant, noyant des centaines d'hommes, ruinant un pays entier. C'était au moment d'une grande souscription nationale pour des inondés hongrois ou espagnols. Personne ne s'est occupé de ce désastre français.)

Puis nous passons par des défilés étroits entre deux montagnes qu'on dirait incendiées depuis peu, tant elles ont la peau rouge et nue ; nous contournons des pics, nous filons le long des pentes, nous faisons des détours de dix kilomètres pour éviter les obstacles, puis nous nous précipitons dans une plaine à toute vitesse, en zigzaguant toujours un peu, comme par suite de l'habitude prise.

Les wagons sont tout petits, la machine grosse comme celle d'un tramway. Elle semble parfois exténuée, râle, geint ou rage, va si doucement qu'on la suivrait au pas, et tout à coup elle repart avec furie.

Toute la contrée est aride et désolée. Le roi d'Afrique, le Soleil, le grand et féroce ravageur a mangé la chair de ces vallons, ne laissant que la pierre et une poussière rouge où rien ne pourrait germer.

Saïda ! c'est une petite ville à la française qui ne semble habitée que par des généraux. Ils sont au moins dix ou douze et paraissent toujours en conciliabule. On a envie de leur crier : « Où est aujourd'hui Bou-Amama, mon général ? » La population civile n'a pour l'uniforme aucun respect.

L'auberge du lieu laisse tout à désirer. Je me couche sur une paillasse dans une chambre blanchie à la chaux. La chaleur est intolérable. Je ferme les yeux pour dormir. Hélas !

Ma fenêtre est ouverte, donnant sur une petite cour.

J'entends aboyer des chiens. Ils sont loin, très loin, et jappent par saccades comme s'ils se répondaient.

Mais bientôt ils approchent, ils viennent ; ils sont là maintenant contre les maisons, dans les vignes, dans les rues. Ils sont là, cinq cents, mille peut-être, affamés, féroces, les chiens qui gardaient sur les hauts plateaux les campements des Espagnols. Leurs maîtres tués ou partis, les bêtes ont rôdé, mourant de faim ; puis elles ont trouvé la ville, et elles la cernent, comme une armée. Le jour, elles dorment dans les ravins, sous les roches, dans les trous de la montagne : et, sitôt la nuit tombée, elles gagnent Saïda pour chercher leur vie.

Les hommes qui rentrent tard chez eux marchent le revolver au poing, suivis, flairés par vingt ou trente chiens jaunes pareils à des renards.

Ils aboient à présent d'une façon continue, effroyable, à rendre fou. Puis d'autres cris s'éveillent, des glapissements grêles ; ce sont les chacals qui arrivent ; et parfois on n'entend plus qu'une voix plus forte et singulière, celle de l'hyène, qui imite le chien pour l'attirer et le dévorer.

Jusqu'au jour dure sans repos cet horrible vacarme.

Saïda, avant l'occupation française, était protégée par une petite forteresse édifiée par Abd-el-Kader.

La ville nouvelle est dans un fond, entourée de hauteurs pelées. Une mince rivière, qu'on peut presque sauter à pieds joints, arrose les champs alentour où poussent de belles vignes.

Vers le sud les monts voisins ont l'aspect d'une muraille, ce sont les derniers gradins conduisant aux hauts plateaux.

Sur la gauche se dresse un rocher d'un rouge ardent, haut d'une cinquantaine de mètres et qui porte sur son sommet quelques maçonneries en ruines. C'est là tout ce qui reste de la Saïda d'Abd-el-Kader. Ce rocher, vu de loin, semble adhérent à la montagne, mais si on l'escalade, on demeure saisi de surprise et d'admiration. Un ravin profond, creusé entre des murs tout droits, sépare l'ancienne redoute de l'émir de la côte voisine. Elle est, cette côte, en pierre de pourpre et entaillée par places par des brèches où tombent les pluies d'hiver. Dans le ravin coule la rivière au milieu d'un bois de lauriers-roses. D'en haut on dirait un tapis d'Orient étendu dans un corridor. La nappe de fleurs paraît ininterrompue, tachetée seulement par le feuillage vert qui la perce par endroits.

On descend en ce vallon par un sentier bon pour des chèvres. La rivière, fleuve là-bas (l'oued Saïda), ruisseau pour nous, s'agite dans les pierres, sous les grands arbustes épanouis, saute des roches, écume, ondoie et murmure. L'eau est chaude, presque brûlante. D'énormes crabes courent sur les bords avec une singulière rapidité, les pinces levées en me voyant. De gros lézards verts disparaissent dans les feuillages. Parfois un reptile glisse entre les cailloux.

Le ravin se rétrécit comme s'il allait se refermer. Un grand bruit sur ma tête me fait tressaillir. Un aigle surpris s'envole de son repaire, s'élève vers le ciel bleu, monte à coups d'aile lents et forts, si large qu'il semble toucher aux deux murailles.

Au bout d'une heure on rejoint la route qui va vers Aïn-el-Hadjar en gravissant le mont poudreux.

Devant moi une femme, une vieille femme en jupe noire, coiffée d'un bonnet blanc, chemine, courbée, un panier au bras gauche et tenant de l'autre, en manière d'ombrelle, un immense parapluie rouge. Une femme ici ! Une paysanne en cette morne contrée où l'on ne voit guère que la haute négresse cambrée, luisante, chamarrée d'étoffes jaunes, rouges ou bleues, et qui laisse sur son passage un fumet de chair humaine à tourner les cœurs les plus solides.

La vieille, exténuée, s'assit dans la poussière, haletante sous la chaleur torride. Elle avait une face ridée par d'innombrables petits plis de peau comme ceux des étoffes qu'on fronce, un air las, accablé, désespéré. Je lui parlai. C'était une Alsacienne qu'on avait envoyée en ces pays désolés, avec ses quatre fils, après la guerre. Elle me dit :

— Vous venez de là-bas ?

Ce « là-bas » me serra le cœur.

— Oui.

Et elle se mit à pleurer. Puis elle me conta son histoire bien simple.

On leur avait promis des terres. Ils étaient venus, la mère et les enfants. Maintenant trois de ses fils étaient morts sous ce climat meurtrier. Il en restait un, malade aussi. Leurs champs ne rapportaient rien, bien que grands, car ils n'avaient pas une goutte d'eau. Elle répétait, la vieille : « De la cendre, Monsieur, de la cendre brûlée. Il n'y vient pas un chou, pas un chou, pas un chou ! » s'obstinant à cette idée de chou qui devait représenter pour elle tout le bonheur terrestre.

Je n'ai jamais rien vu de plus navrant que cette bonne femme d'Alsace jetée sur ce sol de feu où il ne pousse pas un chou. Comme elle devait souvent penser au pays perdu, au pays vert de sa jeunesse, la pauvre vieille !

En me quittant, elle ajouta : « Savez-vous si on donnera des terres en Tunisie ? On dit que c'est bon par là. Ça vaudra toujours mieux qu'ici. Et puis je pourrai peut-être y réchapper mon garçon. »

Tous nos colons installés au-delà du Tell en pourraient dire à peu près autant.

Un désir me tenait toujours, celui d'aller plus loin. Mais, tout le pays étant en guerre, je ne pouvais m'aventurer seul. Une occasion s'offrit, celle d'un train allant ravitailler les troupes campées le long des chotts.

C'était par un jour de sirocco. Dès le matin le vent du sud se leva, soufflant sur la terre ses haleines lentes, lourdes, dévorantes. À sept heures le petit convoi se mit en route, emportant deux détachements d'infanterie avec leurs officiers, trois wagons-citernes pleins d'eau et les ingénieurs de la Compagnie, car depuis trois semaines aucun train n'était allé jusqu'aux extrêmes limites de la ligne que les Arabes ont pu détruire.

La machine *l'Hyène* part bruyamment s'avançant vers la montagne, droite, comme si elle voulait pénétrer dedans. Puis soudain elle fait une courbe, s'enfonce dans un étroit vallon, décrit un crochet, et revient passer à cinquante mètres au-dessus de l'endroit où elle courait tout à l'heure. Elle tourne de nouveau, trace des circuits, l'un sur l'autre, monte toujours en zigzag, déroulant un grand lacet qui gagne le sommet du mont.

Voici de vastes bâtiments, des cheminées de fabriques, une sorte de petite ville abandonnée. Ce sont les magnifiques usines de la Compagnie franco-algérienne. C'est là qu'on préparait l'alfa avant le massacre des Espagnols. Ce lieu s'appelle Aïn-el-Hadjar.

Nous montons encore. La locomotive souffle, râle, ralentit sa marche, s'arrête. Trois fois elle essaye de repartir, trois fois elle demeure impuissante. Elle recule pour prendre de l'élan, mais reste encore sans force au milieu de la pente trop rude.

Alors les officiers font descendre les soldats qui, égrenés le long du train, se mettent à pousser. Nous repartons lentement au pas d'un homme. On rit, on plaisante ; les lignards blaguent la machine. C'est fini. Nous voici sur les hauts plateaux.

Le mécanicien, le corps penché en dehors, regarde sans cesse la voie qui peut être coupée ; et nous autres, nous inspectons l'horizon, très attentifs, en réveil dès qu'un filet de poussière semble indiquer au loin un cavalier encore invisible. Nous portons des fusils et des revolvers.

Parfois, un chacal s'enfuit devant nous ; un énorme vautour s'envole, abandonnant la carcasse d'un chameau presque entièrement dépecé ; des poules de Carthage, très semblables à des perdrix, gagnent des touffes de palmiers nains.

À la petite halte de Tafraoua, deux compagnies de ligne sont campées. Ici, on a tué beaucoup d'Espagnols.

À Kralfallah, c'est une compagnie de zouaves qui se fortifient à la hâte, édifiant leurs retranchements avec des rails, des poutres, des poteaux télégraphiques, des balles d'alfa, tout ce qu'on trouve. Nous déjeunons là ; et les trois officiers, tous trois jeunes et gais, le capitaine, le lieutenant et le sous-lieutenant nous offrent le café.

Le train repart. Il court interminablement dans une plaine illimitée que les touffes d'alfa font ressembler à une mer calme. Le sirocco devient intolérable, nous jetant à la face l'air enflammé du désert ; et, parfois, à l'horizon, une forme vague apparaît. On dirait un lac, une île, des rochers dans l'eau : c'est le mirage. Sur un talus, voici des pierres brûlées et des ossements d'hommes : les restes d'un Espagnol. Puis, d'autres chameaux morts, toujours dépecés par des vautours.

On traverse une forêt ! Quelle forêt ! Un océan de sable où des touffes rares de genévriers ressemblent à des plants de salade dans un potager gigantesque ! Désormais aucune verdure, sauf l'alfa, sorte de jonc d'un vert bleu qui pousse par touffes rondes et couvre le sol à perte de vue.

Parfois on croit voir un cavalier dans le lointain. Mais il disparaît ; on s'était peut-être trompé.

Nous arrivons à l'Oued-Fallette, au milieu d'une étendue toujours morne et déserte. Alors je m'éloigne à pied avec deux compagnons, vers le sud encore. Nous gravissons une colline basse sous une écrasante chaleur. Le sirocco charrie du feu ; il sèche la sueur sur le visage à mesure qu'elle apparaît, brûle les lèvres et les yeux, dessèche la gorge. Sous toutes les pierres on trouve des scorpions.

Autour du convoi arrêté et qui a l'air de loin d'une grosse bête noire couchée sur la terre sèche, les soldats chargent les voitures envoyées du campement voisin.

Puis ils s'éloignent dans la poussière, lentement, d'un pas accablé, sous l'écrasant soleil. On les voit longtemps, longtemps, s'en aller là-bas, sur la gauche ; puis on n'aperçoit plus que le nuage gris qu'ils soulèvent au-dessus d'eux.

Nous restons à six maintenant auprès du train. On ne peut plus toucher à rien, tout brûle. Les cuivres des wagons semblent rougis au feu. On pousse un cri si la main rencontre l'acier des armes.

Voici quelques jours, la tribu des Rezaïna, tournant aux rebelles, traversa ce chott que nous n'avions pu atteindre, car l'heure nous force à revenir. La chaleur fut telle durant le passage de ce marais desséché que la tribu fugitive perdit tous ses bourricots de soif, et même seize enfants, morts entre les bras de leurs mères.

La machine siffle. Nous quittons l'Oued-Fallette. Un remarquable fait de guerre rendit alors ce lieu célèbre dans la contrée.

Une colonne y était établie, gardée par un détachement du 15$^{e}$ de ligne. Or, une nuit, deux goumiers se présentent aux avant-postes, après dix heures de cheval, apportant un ordre pressant du général commandant à Saïda. Selon l'usage, ils agitent une torche pour se faire reconnaître. La sentinelle, recrue arrivant de France, ignorant les coutumes et les règles du service en campagne dans le sud, et nullement prévenue par ses officiers, tire sur les courriers. Les pauvres diables avancent quand même ; le poste saisit ses armes ; les hommes prennent position, et une fusillade terrible commence. Après avoir essuyé cent cinquante coups de fusil, les deux Arabes, enfin, se retirent ; l'un d'eux avait une balle dans l'épaule. Le lendemain, ils rentraient au quartier général, rapportant leurs dépêches.

## BOU-AMAMA

Bien malin celui qui dirait, même aujourd'hui, ce qu'était Bou-Amama. Cet insaisissable farceur, après avoir affolé notre armée d'Afrique, a disparu si complètement qu'on commence à supposer qu'il n'a jamais existé.

Des officier dignes de foi, qui croyaient le connaître, me l'on décrit d'une certaine façon; mais d'autres personnes non moins honnêtes, sûres de l'avoir vu, me l'ont dépeint d'une autre manière.

Dans tous les cas, ce rôdeur n'a été que le chef d'une bande peu nombreuse, poussée sans doute à la révolte par la famine. Ces gens ne se sont battus que pour vider les silos ou piller des convois. Ils semblent n'avoir agi ni par haine, ni par fanatisme religieux, mais par faim. Notre système de colonisation consistant à ruiner l'Arabe, à le dépouiller sans repos, à le poursuivre sans merci et à le faire crever de misère, nous verrons encore d'autres insurrections.

Une autre cause peut-être à cette campagne est la présence sur les hauts plateaux des alfatiers espagnols.

Dans cet océan d'alfa, dans cette morne étendue verdâtre, immobile sous le ciel incendié, vivait une vraie nation, des hordes d'hommes à la peau brune, aventuriers que la misère ou d'autres raisons avaient chassés de leur patrie. Plus sauvages, plus redoutés que les Arabes, isolés ainsi, loin de toute ville, de toute loi, de toute force, ils ont fait, dit-on, ce que faisaient leurs ancêtres sur les terres nouvelles; ils ont été violents, sanguinaires, terribles envers les habitants primitifs.

La vengeance des Arabes fut épouvantable.

Voici, en quelques lignes, l'origine apparente de l'insurrection.

Deux marabouts prêchaient ouvertement la révolte dans une tribu du Sud. Le lieutenant Weinbrenner fut envoyé avec la mission de s'emparer du caïd de cette tribu. L'officier français avait une escorte de *quatre* hommes. Il fut assassiné. On chargea le colonel Innocenti de venger cette mort, et on lui envoya comme renfort l'agha de Saïda.

Or, en route, le goum de l'agha de Saïda rencontra les Trafis qui se rendaient également auprès du colonel Innocenti. Des querelles s'élevèrent entre les deux tribus; les Trafis firent défection et allèrent se mettre sous les ordres de Bou-Amama. C'est ici que se place l'affaire de Chellala qui a été cent fois racontée. Après le sac de son convoi, le colonel Innocenti, qui semble avoir été accusé bien légèrement par l'opinion publique, remonta à marches forcées vers le Kreïder, afin de refaire sa colonne, et laissa la route entièrement libre à son adversaire. Celui-ci en profita.

Mentionnons un fait curieux. Le même jour, les dépêches officielles signalaient en même temps Bou-Amama sur deux points distants l'un de l'autre de cent cinquante kilomètres.

Ce chef, profitant de l'entière liberté qu'on lui donnait, passa à douze kilomètres de Géryville, tua en route le brigadier Bringeard, envoyé avec quelques hommes seulement en plein pays révolté pour établir les communications télégraphiques; puis il remonta au nord.

C'est alors qu'il traversa le territoire des Hassassenas et des Harrars, et qu'il donna vraisemblablement à ces deux tribus le mot d'ordre pour le massacre général des Espagnols, qu'elles devaient exécuter peu après.

Enfin, il arriva à Aïn-Kétifa, et deux jours plus tard il campait à Haci-Tirsine, à vingt-deux kilomètres seulement de Saïda.

L'autorité militaire, inquiète enfin, prévint, le 10 juin au soir, la Compagnie franco-algérienne de faire rentrer tous ses agents, le pays n'étant pas sûr. Des trains circulèrent toute la nuit jusqu'à l'extrême limite de la ligne; mais on ne pouvait, en quelques heures, faire revenir les chantiers disséminés sur un territoire de cent cinquante kilomètres, et le onze, au point du jour, les massacres commencèrent.

Ils furent accomplis surtout par les deux tribus des Hassassenas et des Harrars, exaspérés contre les Espagnols qui vivaient sur leurs territoires.

Et cependant, sous prétexte de ne point les pousser à la révolte, on a laissé tranquilles ensuite ces tribus, qui ont égorgé près de trois cents personnes, hommes, femmes et enfants. Des cavaliers arabes, trouvés chargés de dépouilles, avec des robes de femmes espagnoles sous leurs selles, ont été relâchés, dit-on, sous prétexte que les preuves manquaient.

Donc, le 10 au soir, Bou-Amama campait à Haci-Tirsine, à vingt-deux kilomètres de Saïda. A la même heure, le général Cérez télégraphiait au gouvernement que le chef révolté tentait de repasser dans le Sud.

Les jours suivants, le hardi marabout pilla les villages de Tafraoua et de Kralfallah, chargeant tous ses chameaux de butin, emportant la valeur de plusieurs millions en vivres et en marchandises.

Il remonta de nouveau à Haci-Tirsine pour reconstituer sa troupe; puis il divisa son convoi en deux parties, dont l'une se dirigea vers Aïn-Kétifa. Là, elle fut arrêtée et pillée par le goum de Sharraouï (colonne Brunetière).

L'autre section, commandée par Bou-Amama lui-même, se trouvait prise entre la colonne du général Détrie campée à El-Maya et la colonne Mallaret postée près du Kreïder, à Ksar-el-Krelifa. Il fallait passer entre les deux, ce qui n'était pas facile. Bou-Amama envoya alors un parti de cavaliers devant le camp du général Détrie qui le poursuivit, avec toute sa colonne, jusqu'à Aïn-Sfisifa, bien au delà du chott, persuadé qu'il tenait le marabout devant lui. La ruse avait réussi. La voie était libre. Le lendemain du départ du général, le chef insurgé occupait son camp, c'était le 14 juin.

De son côté le colonel Mallaret, au lieu de garder le passage du Kreïder, s'était campé à Ksar-el-Krelifa, quatre kilomètres plus loin. Bou-Amama envoya aussitôt un fort détachement de cavaliers défiler devant le colonel qui se contenta de tirer les six coups de canon légendaires. Et, pendant ce temps, le convoi de chameaux chargés passait tranquillement le chott au Kreïder, seul point où la traversée fût facile. De là le marabout dut aller mettre ses provisions à l'abri chez les Mograr, sa tribu, à quatre cents kilomètres au sud de Géryville.

D'où viennent, dira-t-on, des faits si précis ? De tout le monde. Ils seront naturellement contestés par l'un sur un point, par l'autre sur un autre point. Je ne puis rien affirmer, n'ayant fait que recueillir les renseignements qui m'ont paru les plus vraisemblables. Il serait d'ailleurs impossible d'obtenir en Algérie un détail certain sur ce qui se passe ou s'est passé à trois kilomètres du point où l'on se trouve. Quant aux nouvelles militaires, elles semblaient, pendant toute cette campagne, fournies par un mauvais plaisant. Le même jour, Bou-Amama a été signalé sur six points différents par six chefs de corps qui croyaient le tenir. Une collection complète des dépêches officielles, avec un petit supplément contenant celles des agences autorisées, constituerait un recueil tout à fait drôle. Certaines dépêches, dont l'invraisemblance était trop évidente, ont d'ailleurs été arrêtées dans les bureaux, à Alger.

Une caricature spirituelle, faite par un colon, m'a paru expliquer assez bien la situation. Elle représentait un vieux général, gros, galonné, moustachu, debout en face du désert. Il considérait d'un œil perplexe le pays immense, nu et vallonné, dont les limites ne s'apercevaient point, et il murmurait : « Ils sont là !... quelque part ! » Puis, s'adressant à son officier d'ordonnance, immobile dans son dos, il prononçait d'une voix ferme : « Télégraphiez au gouvernement que l'ennemi est devant moi et que je me mets à sa poursuite. »

Les seuls renseignements un peu certains qu'on se procurait venaient des prisonniers espagnols échappés à Bou-Amama. J'ai pu causer, au moyen d'un interprète, avec un de ces hommes, et voici ce qu'il m'a raconté.

Il s'appelait Blas Rojo Pélisaire. Il conduisait, avec des camarades, le 10 juin au soir, un convoi de sept charrettes, quand ils trouvèrent sur la route d'autres charrettes brisées, et, entre les roues, les charretiers massacrés. Un d'eux vivait encore. Ils se mirent à le soigner; mais une troupe d'Arabes se jeta sur eux. Les Espagnols n'avaient qu'un fusil; ils se rendirent; ils furent néanmoins massacrés, à l'exception de Blas Rojo, épargné sans doute à cause de sa jeunesse et de sa bonne mine. On sait que les Arabes ne sont point indifférents à la beauté des hommes. On le conduisit au camp où il retrouva d'autres prisonniers. A minuit, on tua l'un d'eux, sans raison. C'était un *homme de mécanique* (un de ceux chargés de serrer les freins des charrettes) nommé Domingo.

Le lendemain II, Blas apprit que d'autres prisonniers avaient été tués dans la nuit. C'était le jour des grands massacres. On resta au même endroit; puis, le soir, les cavaliers amenèrent deux femmes et un enfant.

Le 12, on leva le camp et on marcha tout le jour.

Le 13 au soir, on campait à Dayat-Kereb.

Le 14, on marchait dans la direction de Ksar-Krefila. C'est le jour de l'affaire Mallaret. Le prisonnier n'a pas entendu le canon. Ce qui laisse supposer que Bou-Amama a fait défiler un parti de cavaliers seulement devant le corps expéditionnaire français, tandis que le convoi de butin où se trouvait Blas passait le chott quelques kilomètres plus loin, bien à l'abri.

Pendant huit jours, on marcha en zigzag. Une fois arrivés à Tis-Moulins, les goums dissidents se séparèrent, emmenant chacun ses prisonniers.

Bou-Amama se montra bienveillant pour les prisonniers, surtout pour les femmes, qu'il faisait coucher dans une tente spéciale et garder.

Une d'elles, une belle fille de dix-huit ans, s'unit en route avec un chef Trafi, qui la menaçait de mort si elle résistait. Mais le marabout refusa de consacrer leur union.

Blas Rojo fut attaché au service de Bou-Amama, qu'il ne vit pas cependant. Il ne vit que son fils, qui dirigeait les opérations militaires. Il semblait âgé de trente ans environ. C'était un grand garçon maigre, brun, pâle, aux yeux larges et qui portait une petite barbe. Il possédait deux chevaux alezans, dont un français qui semble avoir appartenu au commandant Jacquet. Le prisonnier n'a pas eu connaissance de l'affaire du Kreïder.

Blas Rojo se sauva dans les environs de Bas-Yala, mais, ne connaissant pas bien le pays, il fut forcé de suivre les rivières à sec, et, après trois jours et trois nuits de marche, il arriva à Marhoum. Bou-Amama avait avec lui cinq cents cavaliers et trois cents fantassins, plus un convoi de chameaux destinés à porter le butin.

Pendant quinze jours après les massacres, des trains ont circulé jour et nuit sur la petite ligne du chemin de fer des chotts. On recueillait à tout moment de misérables Espagnols mutilés, de grandes et belles filles nues, violées et ensanglantées. L'autorité militaire aurait pu, disent tous les habitants de la contrée, éviter cette boucherie avec un peu de prévoyance. Elle n'a pu, dans tous les cas, venir à bout d'une poignée de révoltés. Quelles sont les causes de cette impuissance de nos armes perfectionnées contre les matraques et les mousquets des Arabes ? A d'autres de les pénétrer et de les indiquer.

Les Arabes, dans tous les cas, ont sur nous un avantage contre lequel nous nous efforçons en vain de lutter. Il sont les fils du pays. Vivant avec quelques figues et quelques grains de farine, infatigables sous ce climat qui épuise les hommes du Nord, montés sur des chevaux sobres comme eux et comme eux insensibles à la chaleur, ils font, en un jour, cent ou cent trente kilomètres. N'ayant ni bagages, ni convois, ni provisions à traîner derrière eux, ils se déplacent avec une rapidité surprenante, passent entre deux colonnes campées pour aller attaquer et piller un village qui se croit en sûreté, disparaissent sans laisser de traces, puis reviennent brusquement alors qu'on les suppose bien loin.

Dans la guerre d'Europe, quelle que soit la promptitude de marche d'une armée, elle ne se déplace pas sans qu'on puisse en être informé. La masse des bagages ralentit fatalement les mouvements et indique toujours la route suivie. Un parti arabe, au contraire, ne laisse pas plus de marques de son passage qu'un vol d'oiseaux. Ces cavaliers errants vont et viennent autour de nous avec une célérité et des crochets d'hirondelles.

Quand ils attaquent, on peut les vaincre, et presque toujours on les bat malgré leur courage. Mais on ne peut guère les poursuivre; on ne peut jamais les atteindre quand ils fuient. Aussi évitent-ils avec soin les rencontres, et se contentent-ils en général de harceler nos troupes. Ils chargent avec impétuosité, au galop furieux de leurs maigres chevaux, arrivant comme une tempête de linge flottant et de poussière.

Ils déchargent, tout en galopant, leurs longs fusils damasquinés, puis, soudain décrivant une courbe brusque, s'éloignent ainsi qu'ils étaient venus, ventre à terre, laissant sur le sol derrière eux, de place en place, un paquet blanc qui s'agite, tombé là comme un oiseau blessé qui aurait du sang sur ses plumes.

# LA PROVINCE D'ALGER

LES Algériens, les vrais habitants d'Alger ne connaissent guère de leur pays que la plaine de la Mitidja. Ils vivent tranquilles dans une des plus adorables villes du monde, en déclarant que l'Arabe est un peuple ingouvernable, bon à tuer ou à rejeter dans le désert.

Ils n'ont vu d'ailleurs, en fait d'Arabes, que la crapulerie du Sud qui grouille dans les rues. Dans les cafés, on parle de Laghouat, de Bou-Saada, de Saïda comme si ces pays étaient au bout du monde. Il est même assez rare qu'un officier connaisse les trois provinces. Il demeure presque toujours dans le même cercle jusqu'au moment où il revient en France.

Il est juste d'ajouter qu'il devient fort difficilc de voyager dès qu'on s'aventure en dehors des routes connues dans le Sud. On ne le peut faire qu'avec l'appui et les complaisances de l'autorité militaire. Les commandants des cercles avancés se considèrent comme de véritables monarques omnipotents; et aucun inconnu ne pourrait se hasarder à pénétrer sur leurs terres sans risquer gros... de la part des Arabes. Tout homme isolé serait immédiatement arrêté par les caïds, conduit sous escorte à l'officier le plus voisin, et ramené entre deux spahis sur le territoire civil.

Mais, dès qu'on peut présenter la moindre recommandation, on rencontre, de la part des officiers des bureaux arabes, toute la bonne grâce imaginable. Vivant seuls, si loin de tout voisinage, ils accueillent le voyageur de la façon la plus charmante; vivant seuls, ils ont lu beaucoup, ils sont instruits, lettrés et causent avec bonheur ; vivant seuls dans ce large pays désolé, aux horizons infinis, ils savent penser comme les travailleurs solitaires. Parti avec les préventions qu'on a généralement en France contre ces bureaux, je suis revenu avec les idées les plus contraires.

C'est grâce à plusieurs de ces officiers que j'ai pu faire une longue excursion en dehors des routes connues, allant de tribu en tribu.

Le ramadan venait de commencer. On était inquiet dans la colonie, car on craignait une insurrection générale dès que serait fini ce carême mahométan.

Le ramadan dure trente jours. Pendant cette période, aucun serviteur de Mahomet ne doit boire, manger ou fumer depuis l'heure matinale où le soleil apparaît jusqu'à l'heure où l'œil ne distingue plus *un fil blanc d'un fil rouge*. Cette dure prescription n'est pas absolument prise à la lettre, et on voit briller plus d'une cigarette dès que l'astre de feu s'est caché derrière l'horizon, et avant que l'œil ait cessé de distinguer la couleur d'un fil rouge ou noir.

En dehors de cette précipitation, aucun Arabe ne transgresse la loi sévère du jeûne, de l'abstinence absolue. Les hommes, les femmes, les garçons à partir de quinze ans, les filles dès qu'elles sont nubiles, c'est-à-dire entre onze et treize ans environ, demeurent le jour entier sans manger ni boire. Ne pas manger n'est rien ; mais s'abstenir de boire est horrible par ces effrayantes chaleurs. Dans ce carême, il n'est point de dispense. Personne, d'ailleurs, n'oserait en demander ; et les filles publiques elles-mêmes, les Oulad-Naïl, qui fourmillent dans tous les centres arabes et dans les grandes oasis, jeûnent comme les marabouts, peut-être plus que les marabouts. Et ceux-là des Arabes qu'on croyait civilisés, qui se montrent en temps ordinaire disposés à accepter nos mœurs, à partager nos idées, à seconder notre action, redeviennent tout à coup, dès que le ramadan commence, sauvagement fanatiques et stupidement fervents.

Il est facile de comprendre quelle furieuse exaltation résulte, pour ces cerveaux bornés et obstinés, de cette dure pratique religieuse. Tout le jour, ces malheureux méditent, l'estomac tiraillé, regardant passer les roumis conquérants, qui mangent, boivent et fument devant eux. Et ils se répètent que, s'ils tuent un de ces roumis pendant le ramadan, ils vont droit au ciel, que l'époque de notre domination touche à sa fin, car leurs marabouts leur promettent sans cesse qu'ils vont nous jeter tous à la mer à coups de matraque.

C'est pendant le ramadan que fonctionnent spécialement les Aïssaouas, mangeurs de scorpions, avaleurs de serpents, saltimbanques religieux, les seuls peut-être, avec quelques mécréants et quelques nobles, qui n'aient point une foi violente.

Ces exceptions sont infiniment rares ; je n'en pourrais citer qu'une seule.

Au moment de partir pour une marche de vingt jours dans le Sud, un officier du cercle de Boghar demanda aux trois spahis qui l'accompagnaient de ne point faire le ramadan, estimant qu'il ne pourrait rien obtenir de ces hommes exténués par le jeûne. Deux des soldats ont refusé, le troisième répondit : « Mon lieutenant, je ne fais pas le ramadan, je ne suis pas un marabout, moi, je suis un noble. »

Il était, en effet, *de grande tente,* fils d'une des plus anciennes et des plus illustres familles du désert.

Une coutume singulière persiste, qui date de l'occupation, et qui paraît profondément grotesque quand on songe aux résultats terribles que le ramadan peut avoir pour nous. Comme on voulait, au début, se concilier les vaincus, et comme flatter leur religion est le meilleur moyen de les prendre, on a décidé que le canon français donnerait le signal de l'abstinence pendant l'époque consacrée. Donc, au matin, dès les premières rougeurs de l'aurore, un coup de canon commande le jeûne ; et, chaque soir, vingt minutes environ après le coucher du soleil, de toutes les villes, de tous les forts, de toutes les places militaires, un autre coup de canon part qui fait allumer des milliers de cigarettes, boire à des milliers de gargoulettes et préparer par toute l'Algérie d'innombrables plats de kous-kous.

J'ai pu assister, dans la grande mosquée d'Alger, à la cérémonie religieuse qui ouvre le ramadan.

L'édifice est tout simple, avec ses murs blanchis à la chaux et son sol couvert de tapis épais. Les Arabes entrent vivement, nu-pieds, avec leurs chaussures à la main. Ils vont se placer par grandes files régulières, largement éloignées l'une de l'autre et plus droites que des rangs de soldats à l'exercice. Ils posent leurs souliers devant eux, par terre, avec les menus objets qu'ils pouvaient avoir aux mains ; et ils restent immobiles comme des statues, le visage tourné vers une petite chapelle qui indique la direction de La Mecque.

Dans cette chapelle, le mufti officie. Sa voix vieille, douce, bêlante et très monotone, vagit une espèce de chant triste qu'on n'oublie jamais quand une fois seulement on a pu l'entendre. L'intonation souvent change, et alors tous les assistants, d'un seul mouvement rythmique, silencieux et précipité, tombent le front par terre, restent prosternés quelques secondes et se relèvent sans qu'aucun bruit soit entendu, sans que rien ait voilé une seconde le petit chant tremblotant du mufti. Et sans cesse toute l'assistance ainsi s'abat et se redresse avec une promptitude, un silence et une régularité fantastique. On n'entend point là dedans le fracas des chaises, les toux et les chuchotements des églises catholiques. On sent qu'une foi sauvage plane, emplit ces gens, les courbe et les relève comme des pantins ; c'est une foi muette et tyrannique envahissant les corps, immobilisant les faces, tordant les cœurs. Un indéfinissable sentiment de respect mêlé de pitié vous prend devant ces fanatiques maigres, qui n'ont point de ventre pour gêner leurs souples prosternations, et qui font de la religion avec le mécanisme et la rectitude des soldats prussiens faisant la manœuvre.

Les murs sont blancs, les tapis, par terre, sont rouges ; les hommes sont blancs, ou rouges ou bleus avec d'autres couleurs encore, suivant la fantaisie de leurs vêtements d'apparat, mais tous sont largement drapés, d'allure fière ; et ils reçoivent sur la tête et les épaules la lumière douce tombant des lustres.

Une famille de marabouts occupe une estrade et chante les répons avec la même intonation de tête donnée par le mufti. Et cela continue indéfiniment.

C'est pendant les soirs du ramadan qu'il faut visiter la Casbah. Sous cette dénomination de Casbah, qui signifie citadelle, on a fini par désigner la ville arabe tout entière. Puisqu'on jeûne et qu'on dort le jour, on mange et on vit la nuit. Alors ces petites rues rapides comme des sentiers de montagne, raboteuses, étroites comme des galeries creusées par des bêtes, tournant sans cesse, se croisant et se mêlant, et si profondément mystérieuses que, malgré soi, on y parle à voix basse, sont parcourues par une population des *Mille et*

*Une Nuits*. C'est l'impression exacte qu'on y ressent. On fait un voyage en ce pays que nous a conté la sultane Schéhérazade. Voici les portes basses, épaisses comme des murs de prison, avec d'admirables ferrures ; voici les femmes voilées ; voilà, dans la profondeur des cours entr'ouvertes, les visages un moment aperçus, et voilà encore tous les bruits vagues dans le fond de ces maisons closes comme des coffrets à secret. Sur les seuils, souvent des hommes allongés mangent et boivent. Parfois leurs groupes vautrés occupent tout l'étroit passage. Il faut enjamber des mollets nus, frôler des mains, chercher la place où poser le pied au milieu d'un paquet de linge blanc étendu et d'où sortent des têtes et des membres.

Les Juifs laissent ouvertes les tanières qui leur servent de boutiques ; et les maisons de plaisir clandestines, pleines de rumeurs, sont si nombreuses qu'on ne marche guère cinq minutes sans en rencontrer deux ou trois.

Dans les cafés arabes, des files d'hommes tassés les uns contre les autres, accroupis sur la banquette collée au mur, ou simplement restés par terre boivent du café en des vases microscopiques. Ils sont là immobiles et muets, gardant à la main leur tasse qu'ils portent parfois à leur bouche, par un mouvement très lent, et ils peuvent tenir à vingt, tant ils sont pressés, en un espace où nous serions gênés à dix.

Et des fanatiques à l'air calme vont et viennent au milieu de ces tranquilles buveurs, prêchant la révolte, annonçant la fin de la servitude.

C'est, dit-on, au ksar (village arabe) de Boukhari que se produisent toujours les premiers symptômes des grandes insurrections. Ce village se trouve sur la route de Laghouat. Allons-y.

Quand on regarde l'Atlas, de l'immense plaine de la Mitidja, on aperçoit une coupure gigantesque qui fend la montagne dans la direction du sud. C'est comme si un coup de hache l'eût ouverte. Cette trouée s'appelle la gorge de la Chiffa. C'est par là que passe la route de Médéah, de Boukhrari et de Laghouat.

On entre dans la coupure du mont ; on suit la mince rivière, la Chiffa ; on s'enfonce dans la gorge étroite, sauvage et boisée.

Partout des sources. Les arbres gravissent les parois à pic, s'accrochent partout, semblent monter à l'escalade.

Le passage se rétrécit encore. Les rochers droits vous menacent, le ciel apparaît comme une bande bleue entre les sommets; puis soudain, dans un brusque détour, une petite auberge se montre à la naissance d'un ravin couvert d'arbres. C'est l'auberge du *Ruisseau-des-Singes*.

Devant la porte, l'eau chante dans les réservoirs; elle s'élance, retombe, emplit ce coin de fraîcheur, fait songer aux calmes vallons suisses. On se repose, on s'assoupit à l'ombre; mais soudain, sur votre tête, une branche remue; on se lève — alors dans toute l'épaisseur du feuillage c'est une fuite précipitée de singes, des bondissements, des dégringolades, des sauts et des cris.

Il y en a d'énormes et de tout petits, des centaines, des milliers peut-être. Le bois en est rempli, peuplé, fourmillant. Quelques-uns, captivés par les maîtres de l'auberge, sont caressants et tranquilles. Un tout jeune, pris l'autre semaine, reste un peu sauvage encore.

Sitôt que l'on demeure immobile, ils approchent, vous guettent, vous observent. On dirait que le voyageur est la grande distraction des habitants de ce vallon. Dans certains jours, pourtant, on n'en aperçoit pas un seul.

Après l'auberge du *Ruisseau-des-Singes*, la vallée s'étrangle encore; et soudain, à gauche, deux grandes cascades s'élancent presque du sommet du mont: deux cascades claires, deux rubans d'argent. Si vous saviez comme c'est doux à voir, des cascades, sur cette terre d'Afrique! On monte, longtemps, longtemps. La gorge est moins profonde, moins boisée. On monte encore, la montagne se dénude peu à peu. Ce sont des champs à présent; et, quand on parvient au faîte, on rencontre des chênes, des saules, des ormeaux, les arbres de nos pays. On couche à Médéah, blanche petite ville toute pareille à une sous-préfecture de France.

C'est après Médéah que recommencent les féroces ravages du soleil. On franchit une forêt pourtant, mais une forêt maigre, pelée, montrant partout la peau brûlante de la terre bientôt vaincue. Puis plus rien de vivant autour de nous.

Sur ma gauche un vallon s'ouvre, aride et rouge, sans une herbe; il s'étend au loin, pareil à une cuve de sable. Mais soudain une grande ombre, lentement, le traverse. Elle passe d'un bout à l'autre, tache fuyante qui glisse sur le sol nu. Elle est, cette ombre, la vraie, la seule habitante de ce lieu morne et mort. Elle semble y régner, comme un génie mystérieux et funeste.

Je lève les yeux, et je l'aperçois qui s'en va, les ailes étendues, immobiles, le grand dépeceur de charognes, le vautour maigre qui plane sur son domaine, au-dessous de cet autre maître du vaste pays qu'il tue, le soleil, le dur soleil.

Quand on descend vers Boukhrari, on découvre, à perte de vue, l'interminable vallée du Chélif. C'est, dans toute sa hideur, la misère, la jaune misère de la terre. Elle apparaît loqueteuse comme un vieux pauvre Arabe, cette vallée que parcourt l'ornière sale du fleuve sans eau, bu jusqu'à sa boue par le feu du ciel. Cette fois il a tout vaincu, tout dévoré, tout pulvérisé, tout calciné, ce feu qui remplace l'air, emplit l'horizon.

Quelque chose vous passe sur le front, ailleurs ce serait du vent, ici c'est du feu. Quelque chose flotte là-bas sur les crêtes pierreuses : ailleurs ce serait une brume, ici c'est du feu, ou plutôt de la chaleur visible. Si le sol n'était point déjà calciné jusqu'aux os, cette étrange buée rappellerait la petite fumée qui s'élève des chairs vives brûlées au fer rouge. Et tout cela a une couleur étrange, aveuglante et pourtant veloutée, la couleur du sable chaud auquel semble se mêler une nuance un peu violacée, tombée du ciel en fusion.

Point d'insectes dans cette poussière de terre. Quelques grosses fourmis seulement. Les mille petits êtres qu'on voit chez nous ne pourraient vivre dans cette fournaise. En certains jours torrides, les mouches elles-mêmes meurent, comme au retour des froids dans le Nord. C'est à peine si on peut élever des poules. On les voit, les pauvres bêtes, qui marchent, le bec ouvert et les ailes soulevées, d'une façon lamentable et comique.

Depuis trois ans, les dernières sources tarissent. Et le tout-puissant soleil semble glorieux de son immense victoire.

Cependant, voici quelques arbres, quelques pauvres arbres. C'est Bogar, à droite, au sommet d'un mont poudreux.

À gauche, dans un repli rocheux, couronnant un monticule et à peine distinct du sol, tant il en a pris la coloration monotone, un grand village se dresse sur le ciel, c'est le ksar de Boukhari.

Au pied du cône de poussière qui porte ce vaste village arabe, quelques maisons sont cachées dans le mouvement de la colline ; elles forment la commune mixte.

Le ksar de Boukhari est un des plus considérable villages arabes de l'Algérie. Il se trouve juste sur la frontière du Sud, un peu au delà du Tell, dans la zone de transition entre les pays européanisés et le grand désert. Sa situation lui donne une singulière importance politique, car elle en fait une sorte de trait d'union entre les Arabes du littoral et les Arabes du Sahara. Aussi a-t-il toujours été le pouls des insurrections. C'est là qu'arrive le mot d'ordre, c'est de là qu'il repart. Les tribus les plus éloignées envoient leurs gens pour savoir ce qui se passe à Boukhari. On a l'œil sur ce point de toutes les parties de l'Algérie.

L'administration française, seule, ne s'occupe point de ce qui se trame à Boukhari. Elle en a fait une commune de plein exercice, sur le modèle des communes de France, administrée par un maire, vieux paysan à l'œil endormi, flanqué d'un garde champêtre. Entre et sort qui veut. Les Arabes venus de n'importe où peuvent circuler, causer, intriguer à leur guise sans être gênés en rien.

Au pied du ksar, à deux ou trois cents mètres, la commune mixte est gouvernée par l'administrateur civil qui dispose des pouvoirs les plus étendus sur un territoire nu, qu'il est presque inutile de surveiller. Il ne peut empiéter sur les attributions du maire son voisin.

En face, sur la montagne, est Boghar, où habite le commandant supérieur du cercle militaire. Il a entre les mains les moyens d'action les plus actifs, mais il ne peut rien dans le ksar, *commune de plein exercice*. Or le ksar n'est habité que par des Arabes. C'est le point dangereux qu'on respecte, tandis qu'on surveille avec soin les environs. On soigne le mal dans ses effets et non dans sa cause.

Qu'arrive-t-il ? Le commandant et l'administrateur, quand ils s'entendent, organisent une sorte de police secrète à l'insu du maire, et tâchent d'être informés mystérieusement.

N'est-il point surprenant de voir ce centre arabe, reconnu dangereux par tout le monde, plus libre qu'une ville de France, tandis qu'il serait impossible à un Français quelconque, s'il n'était protégé par quelque personnage influent, de pénétrer et de circuler sur le territoire militaire des cercles avancés du Sud.

Dans la commune mixte on trouve une auberge. J'y passai la nuit, une nuit d'étuve. L'air semblait brûlé par la flamme du dernier jour. Il ne remuait plus, comme s'il eût été figé par la chaleur.

Aux premières lueurs de l'aurore, je me levai. Le soleil parut, acharné à sa besogne d'incendiaire. Devant ma fenêtre ouverte sur l'horizon déjà torride et silencieux une petite diligence dételée attendait. On lisait sur le panneau jaune : « Courrier du Sud » !

Courrier du Sud ! On allait donc encore plus au Sud en ce terrible mois d'août. Le Sud ! quel mot rapide, brûlant ! Le Sud ! Le feu ! Là-bas, au Nord, on dit en parlant des pays tièdes « le Midi ». Ici c'est « le Sud ».

Je regardais cette syllabe si courte qui me paraissait surprenante comme si je ne l'avais jamais lue. J'en découvrais, me semblait-il, le sens mystérieux. Car les mots les plus connus comme les visages souvent regardés ont des significations secrètes, dont on s'aperçoit tout d'un coup, un jour, on ne sait pourquoi.

Le Sud ! Le désert, les nomades, les terres inexplorées et puis les nègres, tout un monde nouveau, quelque chose comme le commencement d'un univers ! Le Sud ! comme cela devient énergique sur la frontière du Sahara.

Dans l'après-midi j'allai visiter le ksar.

Boukhari est le premier village où l'on rencontre les Oulad-Naïl. On est saisi de stupéfaction à l'aspect de ces courtisanes du désert.

Les rues populeuses sont pleines d'Arabes couchés en travers des portes, en travers de la route, accroupis, causant à voix basse ou dormant. Partout leurs vêtements flottants et blancs semblent augmenter la blancheur unie des maisons. Point de taches, tout est blanc ; et soudain une femme apparaît, debout sur une porte, avec une large coiffure qui semble d'origine assyrienne, surmontée d'un énorme diadème d'or.

Elle porte une longue robe rouge éclatante. Ses bras et ses chevilles sont cerclés de bracelets étincelants, et sa figure aux lignes droites est tatouée d'étoiles bleues.

Puis en voici d'autres, beaucoup d'autres, avec la même coiffure monumentale : une montagne carrée qui laisse pendre de chaque côté une grosse tresse tombant jusqu'au bas de l'oreille, puis relevée en arrière pour se perdre de nouveau dans la masse opaque des cheveux. Elles portent toujours des diadèmes dont quelques-uns sont fort riches. La poitrine est noyée sous les colliers, les médailles, les lourds bijoux ; et deux fortes chaînettes d'argent font tomber jusqu'au bas-ventre une grosse serrure de même métal, curieusement ciselée à jour et dont la clef pend au bout d'une autre chaîne.

Quelques-unes de ces filles n'ont encore que de minces bracelets. Elles débutent. Les autres, les anciennes, montrent sur elles quelquefois pour dix ou quinze mille francs de bijoux. J'en ai vu une dont le collier était formé de huit rangées de pièces de vingt francs. Elles gardent ainsi leur fortune, leurs économies laborieusement gagnées. Les anneaux de leurs chevilles sont en argent massif et d'un poids surprenant. En effet dès qu'elles possèdent en pièces d'argent la valeur de deux ou trois cents francs, elles les donnent à fondre aux bijoutiers mozabites, qui leur rendent alors ces anneaux ciselés, ou ces serrures symboliques, ou ces chaînes, ou ces larges bracelets. Les diadèmes qui les couronnent sont obtenus de la même façon.

Leur coiffure monumentale, emmêlement savant et compliqué de tresses entortillées, demande presque un jour de travail et une incroyable quantité d'huile. Aussi ne se font-elles guère recoiffer que tous les mois, et prennent-elles un soin extrême à ne point compromettre, dans leurs amours, ce haut et difficile édifice de cheveux qui répand, en peu de temps, une intolérable odeur.

C'est le soir qu'il faut les voir, quand elles dansent au café Maure.

Le village est silencieux. Des formes blanches gisent étendues le long des maisons. La nuit brûlante est criblée d'étoiles ; et ces étoiles d'Afrique brillent d'une clarté que je ne leur connaissais pas, une clarté de diamants de feu, palpitante, vivante, aiguë.

Tout à coup, au détour d'une rue, un bruit vous frappe, une musique sauvage et précipitée, un grondement saccadé de tambours de basque que domine la clameur aigre, continue, abrutissante, assourdissante et féroce d'une flûte qu'emplit de son souffle infatigable un grand diable à la peau d'ébène, le maître de l'établissement.

Devant la porte, un monceau de burnous, un paquet d'Arabes, qui regardent sans entrer et qui forment une grande lueur mouvante sous la clarté venue de l'intérieur.

Au-dedans, des files d'êtres immobiles et blancs assis sur des planches, le long des murs blancs, sous un toit très bas. Et par terre, accroupies, avec leurs oripeaux flamboyants, leurs éclatants bijoux, leurs faces tatouées, leurs hautes coiffures à diadèmes qui rappellent les bas-reliefs égyptiens, les Oulad-Naïl attendent.

Nous entrons. Personne ne bouge. Alors, pour nous asseoir, et selon l'usage, on saisit les Arabes, on les bouscule, on les rejette de leurs bancs; et ils s'en vont, impassibles. D'autres se tassent pour leur faire place.

Sur une estrade, au fond, les quatre tambourineurs, avec des poses extatiques, battent frénétiquement la peau tendue des instruments; et le maître, le grand nègre, se promène d'un pas majestueux, en soufflant furieusement dans sa flûte enragée, sans un repos, sans une défaillance d'une seconde.

Alors, deux Oulad-Naïl se lèvent, vont se placer aux extrémités de l'espace laissé libre entre les bancs et elles se mettent à danser. Leur danse est une marche douce que rythme un coup de talon faisant sonner les anneaux des pieds. À chacun de ces coups, le corps entier fléchit dans une sorte de boiterie méthodique; et leurs mains, élevées et tendues à la hauteur de l'œil, se retournent doucement à chaque retour du sautillement, avec une vive trépidation, une secousse rapide des doigts. La face un peu tournée, rigide, impassible, figée, demeure étonnamment immobile, une face de sphinx, tandis que le regard oblique reste tendu sur les ondulations de la main, comme fasciné par ce mouvement doux, que coupe sans cesse la brusque convulsion des doigts.

Elles vont ainsi, l'une vers l'autre. Quand elles se rencontrent, leurs mains se touchent; elles semblent frémir; leurs tailles se renversent, laissant traîner un grand voile de dentelle qui va de la coiffure aux pieds. Elles se frôlent, cambrées en arrière, comme pâmées dans un joli mouvement de colombes amoureuses. Le grand voile bat comme une aile. Puis, redressées soudain, redevenues impassibles, elles se séparent ; et chacune continue jusqu'à la ligne des spectateurs son glissement lent et boitillant.

Toutes ne sont point jolies ; mais toutes sont singulièrement étranges. Et rien ne peut donner l'idée de ces Arabes accroupis au milieu desquels passent, de leur allure calme et scandée, ces filles couvertes d'or et d'étoffes flamboyantes.

Quelquefois elles varient un peu les gestes de leur danse.

Ces prostituées venaient jadis d'une seule tribu, les Oulad-Naïl. Elles amassaient ainsi leur dot et retournaient ensuite se marier chez elles, après fortune faite. On ne les en estimait pas moins dans leur tribu ; c'était l'usage.

Aujourd'hui, bien qu'il soit toujours admis que les filles des Oulad-Naïl aillent faire fortune au loin par ce moyen, toutes les tribus fournissent des courtisanes aux centres arabes.

Le propriétaire du café où elles se montrent et s'offrent est toujours un nègre ! Dès qu'il voit entrer des étrangers, cet industriel s'applique sur le front une pièce de cinq francs en argent, qui tient collée à la peau par on ne sait quel procédé. Et il marche à travers son établissement en jouant férocement de sa flûte sauvage, montrant avec obstination la monnaie dont il s'est tatoué pour inviter le visiteur à lui en offrir autant.

Celles des Oulad-Naïl qui sont de grande tente apportent dans leurs relations avec leurs visiteurs toute la générosité et la délicatesse que comporte leur origine. Il suffit d'admirer une seconde l'épais tapis qui sert de lit pour que le serviteur de la noble prostituée apporte à son amant d'une minute, dès qu'il a regagné sa demeure, l'objet qui l'avait frappé.

Elles ont, comme les filles de France, des protecteurs qui vivent de leurs fatigues. On trouve parfois au matin une d'elles au fond d'un ravin, la gorge ouverte d'un coup de couteau, dépouillée de tous ses bijoux. Un homme qu'elle aimait a disparu ; et on ne le revoit jamais.

Le logement où elles reçoivent est une étroite chambre aux murs de terre. Dans les oasis le plafond est souvent fait simplement de roseaux tassés les uns sur les autres et où vivent des armées de scorpions. La couche se compose de tapis superposés.

Les gens riches, Arabes ou Français, qui veulent passer une nuit de luxueuse orgie, louent jusqu'à l'aurore le bain maure avec les serviteurs du lieu. Ils boivent et mangent dans l'étuve, et modifient l'usage des divans de repos.

Cette question de mœurs m'amène à un sujet bien difficile.

Nos idées, nos coutumes, nos instincts diffèrent si absolument de ceux qu'on rencontre en ces pays qu'on ose à peine parler chez nous d'un vice si fréquent là-bas que les Européens ne s'en étonnent ni ne s'en scandalisent même plus. On arrive à en rire au lieu de s'indigner. C'est là une matière fort délicate, mais qu'on ne peut passer sous silence quand on veut essayer de raconter la vie arabe, de faire comprendre le caractère particulier de ce peuple.

On rencontre ici à chaque pas ces amours antinaturelles entre êtres du même sexe que recommandait Socrate, *l'ami* d'Alcibiade.

Souvent, dans l'histoire, on trouve des exemples de cette étrange et malpropre passion à laquelle s'abandonnait César, que les Romains et les Grecs pratiquèrent constamment, que Henri III mit à la mode en France et dont on suspecta bien des grands hommes. Mais ces exemples ne sont cependant que des exceptions d'autant plus remarquées qu'elles sont assez rares. En Afrique cet amour anormal est entré si profondément dans les mœurs que les Arabes semblent le considérer comme aussi naturel que l'autre.

D'où vient cette déviation de l'instinct ? De plusieurs causes sans doute. La plus apparente est la rareté des femmes séquestrées par les riches qui possèdent quatre épouses légitimes et autant de concubines qu'ils en peuvent nourrir. Peut-être aussi l'ardeur du climat, qui exaspère les désirs sensuels, a-t-elle émoussé chez ces hommes de tempérament violent la délicatesse, la finesse, la propreté intellectuelle qui nous préservent des habitudes et des contacts répugnants.

Peut-être encore trouve-t-on là une sorte de tradition des mœurs de Sodome, une hérédité vicieuse chez ce peuple nomade, inculte, presque incapable de civilisation, demeuré aujourd'hui tel qu'il était aux temps bibliques.

Oserai-je citer quelques exemples récents et bien caractéristiques de la puissance de cette passion chez l'Arabe.

Le hammam eut, dans ses débuts, parmi les garçons des bains, un petit nègre d'Algérie. Après un séjour de quelque temps à Paris, ce jeune homme revint en Afrique. Or, un matin, on trouva dans une caserne deux soldats indigènes assassinés ; et l'enquête démontra bien vite que le meurtrier n'était autre que l'ancien employé du hammam, qui, du même coup, avait tué ses deux amants. Des relations intimes s'étant établies entre ces hommes qui s'étaient connus par lui, il avait découvert leur liaison, et, jaloux de tous les deux, les avait égorgés.

De pareils faits sont très fréquents.

Voici maintenant un autre drame.

Un jeune Arabe de grande tente était connu dans toute la contrée pour ses habitudes amoureuses qui faisaient aux Oulad-Naïl une déloyale concurrence.

Ses frères lui reprochèrent plusieurs fois non pas ses mœurs, mais sa vénalité. Comme il ne changeait en rien ses habitudes, ils lui donnèrent huit jours pour renoncer à son commerce. Il ne tint pas compte de cet avertissement.

Le neuvième jour au matin, on le trouva mort, étranglé, le corps nu et la tête voilée, au milieu du cimetière arabe. Quand on découvrit la figure, on aperçut une pièce de monnaie violemment incrustée, d'un coup de talon, dans la chair du front, et, sur cette pièce, une petite pierre noire.

À côté du drame une comédie.

Un officier de spahis cherchait en vain un ordonnance. Tous les soldats qu'il employait étaient mal habillés, sales, peu soigneux, impossibles à garder. Un matin, un jeune cavalier arabe se présente, fort beau, intelligent, d'allure fine. Le lieutenant le prit à l'essai. C'était une trouvaille, un garçon actif, propre, silencieux, plein d'attention et d'adresse. Tout alla bien pendant huit jours. Le neuvième jour au matin, comme le lieutenant rentrait de sa promenade quotidienne, il aperçut devant sa porte un vieux spahi en train de cirer ses bottes. Il passa dans le vestibule ; un autre spahi balayait. Dans la chambre un troisième faisait le lit. Un quatrième, au loin, chantait dans l'écurie, tandis que la véritable ordonnance, le jeune Mohammed fumait des cigarettes, couché sur un tapis.

Stupéfait, le lieutenant appela un de ces remplaçants inattendus, et, lui montrant ses camarades : « Qu'est-ce que vous f...ichez ici, vous autres ? »

L'Arabe immédiatement s'expliqua : « Mon lieutenant, c'est le lieutenant indigène qui nous a envoyés. (Chaque lieutenant français, en effet, est doublé d'un officier indigène qui lui est subordonné.)

— Ah ! c'est le lieutenant indigène. Et, pourquoi ça ? »

Le soldat reprit : « Mon lieutenant, il nous a dit : "Allez vous-en chez le lieutenant et faites-moi tout l'ouvrage de Mohammed. Mohammed il doit rien faire, parce que c'est la femme du lieutenant." »

Cette attention délicate coûta d'ailleurs à l'officier indigène deux mois d'arrêts.

Ce qui prouve combien ce vice est entré dans les mœurs des Arabes, c'est que tout prisonnier qui leur tombe dans les mains est aussitôt utilisé pour leurs plaisirs. S'ils sont nombreux, l'infortuné peut mourir à la suite de ce supplice de volupté.

Quand la justice est appelée à constater un assassinat, elle constate aussi fort souvent que le cadavre a été violé, après la mort, par le meurtrier.

Il est encore d'autres faits fort communs et tellement ignobles que je ne les puis rapporter ici.

En redescendant, un soir, de Boukhari, vers le coucher du soleil, j'aperçus trois Oulad-Naïl, deux en rouge et une en bleu, debout au milieu d'une foule d'hommes assis à l'orientale ou couchés. Elles avaient l'air de divinités sauvages dominant un peuple prosterné.

Tous avaient les yeux fixés sur le fort de Boghar, là-bas, sur la grande côte en face, sur l'autre versant de la vallée poudreuse. Tous étaient immobiles, attentifs comme s'ils eussent attendu quelque événement surprenant. Tous tenaient à la main une cigarette vierge encore et qu'ils venaient de rouler.

Soudain une petite fumée blanche jaillit au sommet de la forteresse, et, aussitôt, dans toutes les bouches pénétrèrent toutes les cigarettes, tandis qu'un bruit sourd et lointain faisait un peu frémir le sol. C'était le canon français annonçant aux vaincus le terme de l'abstinence quotidienne.

# LE ZAR'EZ

COMME je déjeunais un matin au fort de Boghar chez le capitaine du bureau arabe, un des officiers les plus obligeants, et les plus capables qui soient dans le Sud, au dire des gens compétents, on parla d'une mission qu'allaient remplir deux jeunes lieutenants. Il s'agissait de faire un long crochet sur les territoires des cercles de Boghar, Djelfa, et Bou Saada pour déterminer les points d'eau. On craignait toujours une insurrection générale dès la fin du ramadan et on voulait préparer la marche d'une colonne expéditionnaire à travers les tribus qui peuplent cette partie du pays.

Aucune carte précise n'existe encore de ces contrées. On n'a que les sommaires relevés topographiques faits par les rares officiers qui passent de temps en temps, les indications approximatives des sources et des puits, les notes griffonnées vivement sur le pommeau de la selle, et les rapides dessins faits à l'œil, sans instruments d'aucune sorte.

Je demandai aussitôt l'autorisation de me joindre à la petite troupe. Elle me fut accordée de la meilleure grâce du monde.

Nous sommes partis deux jours plus tard.

Il était trois heures du matin quand un spahi vint m'éveiller en frappant fortement à la porte de la pauvre auberge de Boukhrari.

Quand j'eus ouvert, l'homme se présenta avec sa veste rouge brodée de noir, son large pantalon plissé, finissant au genou, là où commencent les bas en cuir cramoisi des cavaliers du désert. C'était un Arabe de taille moyenne. Son nez courbé avait été fendu d'un coup de sabre, et la cicatrice laissait ouverte toute la narine du côté gauche. Il s'appelait Bou-Abdallah. Il me dit :

— Mossieu ton cheval il est prêt.

Je demandai :

— Le lieutenant est-il arrivé ?

Il me répondit :

— Va venir.

Bientôt, un bruit lointain s'éleva dans la vallée obscure et nue ; puis des ombres et des silhouettes apparurent, passèrent. Je distinguai seulement les trois corps étranges et lents des trois chameaux qui portaient les cantines, nos lits de camp et les quelques objets que nous prenions pour un voyage de vingt jours dans une solitude à peine connue des officiers eux-mêmes.

Puis bientôt, toujours dans la direction du fort de Boghar, retentit le galop rapide d'une troupe de cavaliers ; et les deux lieutenants qui s'en allaient en mission parurent avec leur escorte, composée d'un autre spahi et d'un cavalier arabe appelé Dellis, un homme de grande tente, d'une illustre famille indigène.

Je montai immédiatement à cheval, et l'on partit.

La nuit était encore absolue, calme, on pourrait dire immobile. Après avoir remonté quelque temps vers le nord, en suivant la vallée du Chéliff, nous tournâmes à droite dans un vallon, juste au moment où le jour naissait.

En ce pays, soir et matin, le crépuscule n'existe pas. Presque jamais on ne voit non plus ces belles nuées traînantes, empourprées, découpées, bigarrées et bizarres, saignantes ou enflammées, qui colorent nos horizons du Nord au moment où le soleil se lève, ainsi qu'à l'heure où le soleil se couche.

Ici, c'est d'abord une lueur très vague, qui augmente, s'étend, envahit tout l'espace en quelques instants. Puis soudain, à la crête d'un mont, ou bien au bord de la plaine infinie, le soleil apparaît tel qu'il va monter au ciel, et sans avoir cet aspect rougeoyant, comme endormi encore, qu'ont ses levers en nos pays brumeux.

Mais ce qu'il y a de plus singulier dans ces aurores du désert, c'est le silence.

Qui ne connaît, chez nous, ce premier cri d'oiseau bien avant le jour, dès les premières pâleurs du ciel ; puis, cet autre cri qui répond dans l'arbre voisin ; puis enfin cet incessant charivari de sifflets, de ritournelles répétées, de notes vives, avec le chant lointain et continu des coqs ; toute cette rumeur du réveil des bêtes, toute cette gaieté des voix dans les feuilles.

Ici, rien. L'énorme soleil s'élève au-dessus de cette terre qu'il a dévastée, et il semble déjà la regarder en maître, comme pour voir si rien de vivant n'existe plus. Pas un cri de bête, sauf parfois le hennissement d'un cheval ; pas un mouvement de vie, sauf, lorsqu'on a campé dans le voisinage d'un puits, le long, lent et muet défilé des troupeaux qui s'en viennent boire.

Tout de suite la chaleur est brûlante. On met, par-dessus le capuchon de flanelle et le casque blanc, l'immense *médol*, chapeau de paille, à bords démesurés.

Nous suivions le vallon lentement. Aussi loin que la vue allait, tout était nu, d'un gris jaune, ardent et superbe. Parfois au milieu des bas-fonds où croupissait un reste d'eau, dans le lit vidé des rivières, quelques joncs verts faisaient une tache crue et toute petite ; parfois, dans un repli de la montagne, deux ou trois arbres indiquaient une source. Nous n'étions point encore dans la contrée assoiffée que nous devions bientôt traverser.

On montait indéfiniment. D'autres petits vallons se jetaient dans le nôtre ; et, à mesure que nous approchions de midi, les horizons se perdaient un peu dans une légère buée de chaleur, dans une fumée de terre rôtie, qui noyait les lointains en des tons à peine bleus, à peine roses, à peine blancs, mais qui avaient cependant un peu de tout cela, et qui semblaient d'une douceur, d'une tendresse, d'un charme infinis, au-delà de l'éclat aveuglant du paysage immédiat.

Enfin on arriva sur la crête de la montagne, et le caïd El-Akhedar ben Yahia, chez qui nous allions camper, apparut, venant vers nous suivi de quelques cavaliers. C'est un Arabe de sang illustre, le fils du bach'agha Yahia ben Aïssa, surnommé le « Bach'agha à la jambe de bois ».

Il nous conduisit au campement préparé auprès d'une source, sous quatre arbres géants dont l'eau sans cesse baignait le pied, seule verdure qu'on aperçût par tout l'horizon de sommets pierreux et secs qui s'étendait à perte de vue autour de nous.

On servit tout de suite le déjeuner, auquel le ramadan interdisait au caïd de prendre part. Mais, afin de veiller à ce que nous ne manquions de rien, il s'assit en face de nous, à côté de son frère El-Haoués ben Yahia, caïd des Oulad-Alane-Berchieh. Alors je vis s'approcher un enfant d'une douzaine d'années, un peu grêle, mais d'une grâce fière et charmante, que j'avais déjà remarqué quelques jours auparavant au milieu des Oulad-Naïl dans le café maure de Boukhrari.

J'avais été frappé par la finesse et l'éclatante blancheur de vêtements de ce frêle petit Arabe, par son allure noble, et par le respect que chacun semblait lui témoigner ; et, comme je m'étonnais qu'on le laissât ainsi rôder, à cet âge, au milieu des courtisanes, on me répondit : « C'est le plus jeune fils du bach'agha. Il vient ici pour apprendre la vie et connaître les femmes ! ! ! » Comme nous voici loin de nos mœurs françaises !

L'enfant me reconnut aussi et vint gravement me tendre la main. Puis, comme son âge ne le contraignait pas encore au jeûne, il s'assit avec nous et se mit, de ses petits doigts fins et maigres, à dépecer le mouton rôti. Et je crus comprendre que ses grands frères, les deux caïds, qui devaient avoir environ quarante ans, le plaisantaient sur son voyage au ksar, lui demandant d'où lui venait cette cravate de soie qu'il portait au cou, si c'était un cadeau de femme ?

Ce jour-là, l'ombre des arbres nous permit de faire la sieste. Je me réveillai comme le soir tombait, et je gravis un monticule voisin pour avoir l'œil sur tout l'horizon.

Le soleil, près de disparaître, se teintait de rouge, au milieu d'un ciel orange. Et partout, du nord au midi, de l'est à l'ouest, les files de montagnes dressées sous mes yeux jusqu'aux extrêmes limites du regard étaient roses, d'un rose extravagant comme les plumes des flamands. On eût dit une féerique apothéose d'opéra d'une surprenante et invraisemblable couleur, quelque chose de factice, de forcé, et contre nature, et de singulièrement admirable cependant.

Le lendemain nous redescendions dans la plaine de l'autre côté de la montagne, une plaine infinie que nous mîmes trois jours à traverser, bien qu'on vît distinctement la chaîne du Djebel-Gada qui la fermait en face de nous.

C'était tantôt une morne étendue de sable, ou plutôt de poussière de terre, tantôt un océan de touffes d'alfa piquées au hasard dans le sol, et qui forçaient nos chevaux à ne marcher qu'en zigzag.

Ces plaines d'Afrique sont surprenantes.

Elles paraissent nues et plates comme un parquet, et elles sont, au contraire, sans cesse traversées d'ondulations, comme une mer après la tempête, qui, de loin, semble toute calme parce que la surface est lisse, mais que remuent de longs soulèvements tranquilles. Les pentes de ces vagues de terre sont insensibles ; jamais on ne perd de vue les montagnes de l'horizon, mais dans l'ondulation parallèle, à deux kilomètres de vous, une armée pourrait se cacher et vous ne la verriez point.

C'est ce qui rendit si difficile la poursuite de Bou-Amama sur les hauts plateaux alfatiers du Sud oranais.

Chaque matin, on se remet en marche dès l'aurore à travers ces interminables et mornes étendues ; chaque soir, on aperçoit venir quelques hommes à cheval et drapés de blanc qui vous conduisent vers une tente rapiécée sous laquelle des tapis sont étalés. On mange tous les jours les mêmes choses, on cause un peu, puis l'on dort, ou l'on rêve.

Et, si vous saviez comme on est loin, loin du monde, loin de la vie, loin de tout, sous cette petite tente basse qui laisse voir, par ses trous, les étoiles, et, par ses bords relevés, l'immense pays du sable aride !

Elle est monotone, toujours pareille, toujours calcinée et morte, cette terre ; et, là, pourtant, on ne désire rien, on ne regrette rien, on n'aspire à rien. Ce paysage calme, ruisselant de lumière et désolé, suffit à l'œil, suffit à la pensée, satisfait les sens et le rêve, parce qu'il est complet, *absolu*, et qu'on ne pourrait le concevoir autrement. La rare verdure même y choque comme une chose fausse, blessante et dure.

C'est tous les jours, aux mêmes heures, le même spectacle : le feu mangeant un monde ; et, sitôt que le soleil s'est couché, la lune, à son tour, se lève sur l'infinie solitude. Mais, chaque jour, peu à peu, le désert silencieux vous envahit, vous pénètre la pensée comme la dure lumière vous calcine la peau ; et l'on voudrait devenir nomade à la façon de ces hommes qui changent de pays sans jamais changer de patrie, au milieu de ces interminables espaces toujours à peu près semblables.

Chaque jour, l'officier en tournée envoie en avant un cavalier indigène pour prévenir le caïd chez qui il mangera et dormira le lendemain, afin que celui-ci puisse prélever dans sa tribu la nourriture des hommes et des bêtes. Cette coutume, qui équivaut aux billets de logement chez l'habitant des villes en France, devient fort onéreuse pour les tribus par la manière dont elle est pratiquée.

Qui dit Arabe dit voleur, sans exception. Voici donc comment les choses se passent. Le caïd s'adresse à un chef de fraction et réclame cette redevance de ses hommes.

Pour s'exempter de cet impôt et de cette corvée, le chef de fraction paye. Le caïd empoche et s'adresse à un autre qui souvent aussi s'exonère de la même façon. Enfin il faut bien que l'un d'eux s'exécute.

Si le caïd a un ennemi, la charge tombe sur celui-là, qui procède, vis-à-vis des simples Arabes, de la même façon que le caïd vis-à-vis des cheiks.

Et voilà comment un impôt qui ne devrait pas coûter plus de vingt à trente francs à chaque tribu, lui coûte quatre à cinq cents francs invariablement.

Et il est impossible encore de changer cela, pour une infinité de raisons trop longues à développer ici.

Dès qu'on approche d'un campement, on aperçoit au loin un groupe de cavaliers qui vient vers nous. Un d'eux marche seul, en avant. Ils vont au pas, ou au trot. Puis, tout à coup, ils s'élancent au galop, un galop furieux, que nos bêtes du Nord ne supporteraient pas deux minutes. C'est le galop des chevaux de course, qui ressemble au passage d'un train express. Mais l'Arabe reste presque droit sur sa selle, avec ses vêtements blancs flottants ; et, d'une seule secousse, il arrête l'animal qui fléchit sur ses jambes. Puis, il saute à terre d'un bond, et s'avance, respectueux, vers l'officier, dont il baise la main.

Quel que soit le titre de l'Arabe, son origine, sa puissance et sa fortune, il baise presque toujours la main des officiers qu'il rencontre.

Puis le caïd se remet en selle et dirige les voyageurs vers la tente qu'il leur a fait préparer. On s'imagine généralement que les tentes arabes sont blanches, éclatantes au soleil. Elles sont au contraire d'un brun sale, rayé de jaune. Leur tissu très épais, en poil de chameau et de chèvre, semble grossier. La tente est fort basse (on s'y tient tout juste debout) et très étendue. Des piquets la supportent d'une façon assez irrégulière ; et tous les bords sont relevés, ce qui permet à l'air de circuler librement dessous.

Malgré cette précaution, la chaleur est écrasante, pendant le jour, dans ces demeures de toile ; mais les nuits y sont délicieuses, et on dort merveilleusement sur les épais et magnifiques tapis du Djebel-Amour bien qu'ils soient peuplés d'insectes.

Les tapis constituent le seul luxe des Arabes riches. On les entasse les uns sur les autres, on en forme des amoncellements, et on les respecte infiniment, car chaque homme retire sa chaussure pour marcher dessus, comme à la porte des mosquées.

Aussitôt que ses hôtes sont assis, ou plutôt étendus à terre, le caïd fait apporter le café. Ce café est exquis. La recette pourtant est simple. On le broie au lieu de le moudre, on y mélange une quantité respectable d'ambre gris, puis on le fait bouillir dans l'eau.

Rien de drôle comme la vaisselle arabe. Quand un riche caïd vous reçoit, sa tente est ornée de tentures inappréciables, de coussins admirables et de tapis merveilleux ; puis vous voyez arriver un vieux plateau de tôle supportant quatre tasses ébréchées, fêlées, hideuses, qui semblent achetées à quelque bazar des boulevards extérieurs, à Paris. Il y en a de toutes les grandeurs et de toutes les formes, porcelaine anglaise, imitation du Japon, Creil commun, tout ce qu'on a fait de plus laid et de plus grossier en faïence dans toutes les parties du monde.

Le café est apporté dans un vieux pot à tisane ou dans une gamelle de troupier ou dans une inénarrable cafetière en plomb déformée, bossuée, qui semble malade.

Peuple étrange, enfantin, demeuré primitif comme à la naissance des races. Il passe sur la terre sans s'y attacher, sans s'y installer. Il n'a pour maisons que des linges tendus sur des bâtons, il ne possède aucun des objets sans lesquels la vie nous semblerait impossible. Pas de lits, pas de draps, pas de tables, pas de sièges, pas une seule de ces petites choses indispensables qui font commode l'existence. Aucun meuble pour rien serrer, aucune industrie, aucun art, aucun savoir en rien. Il sait à peine coudre les peaux de bouc pour emporter l'eau, et il emploie en toutes circonstances des procédés tellement grossiers qu'on en demeure stupéfait.

Il ne peut même pas raccommoder sa tente que déchire le vent ; et les trous sont nombreux dans le tissu brunâtre que la pluie traverse à son gré. Ils ne semblent attachés ni au sol ni à la vie, ces cavaliers vagabonds qui posent une seule pierre sur la place où dorment leurs morts, une grosse pierre quelconque ramassée sur la montagne voisine. Leurs cimetières ressemblent à des champs où se serait écroulée, autrefois, une maison européenne.

Les nègres ont des cases, les Lapons ont des trous. Les Esquimaux ont des huttes, les plus sauvages des sauvages ont une demeure creusée dans le sol ou plantée dessus ; ils tiennent à leur mère la terre. Les Arabes passent, toujours errants, sans attaches, sans tendresse pour cette terre que nous possédons, que nous rendons féconde, que nous aimons avec les fibres de notre cœur humain ; ils passent au galop de leurs chevaux, inhabiles à tous nos travaux, indifférents à nos soucis, comme s'ils allaient toujours quelque part où ils n'arriveront jamais.

Leurs coutumes sont restées rudimentaires. Notre civilisation glisse sur eux sans les effleurer.

Ils boivent à l'orifice même de la peau de bouc ; mais on présente l'eau aux étrangers dans une collection de récipients invraisemblables. Tout s'y trouve, depuis la casserole de fer jusqu'au bidon défoncé. S'ils s'emparaient, dans quelque razzia, d'un de nos chapeaux parisiens à haute forme, ils le conserveraient assurément pour offrir à boire dedans au premier général qui traverserait la tribu.

Leur cuisine se compose uniquement de quatre ou cinq plats. L'ordre de ces plats ne varie point.

On présente d'abord le mouton rôti en plein air. Un homme l'apporte tout entier sur son épaule au bout d'une perche qui a servi de broche ; et la silhouette de la bête écorchée, juchée en l'air, fait songer à quelque exécution du moyen âge. Elle se profile, le soir, sur le ciel rouge, d'une façon sinistre et burlesque, tenue ainsi par un personnage sévère et drapé de blanc.

Ce mouton est déposé dans une corbeille plate d'alfa tressé, au milieu du cercle des mangeurs assis en rond, à la turque. La fourchette est inconnue ; on dépèce avec les doigts ou avec un petit couteau indigène à manche de corne. La peau rissolée, vernie par le feu et croustillante, passe pour ce qu'il y a de plus fin. On l'arrache par longues plaques et on la croque en buvant soit de l'eau toujours bourbeuse, soit du lait de chamelle coupé d'eau par moitié, soit du lait aigre qui a fermenté dans une peau de bouc, dont il prend le goût fortement musqué. Les Arabes appellent « leben » cette boisson médiocre.

Après l'*entrée* apparaît, tantôt dans une jatte, tantôt dans une cuvette, tantôt dans une marmite antique, une espèce de pâtée au vermicelle. Le fond de ce potage est un jus jaunâtre où le piment se bat avec le poivre rouge dans un mélange d'abricots secs et de dattes pilés ensemble.

Je ne recommande pas ce bouillon aux gourmets.

Quand le caïd qui vous reçoit est magnifique, on sert ensuite le *hamis;* ce mets est remarquable. Je serai peut-être agréable à quelques personnes en en donnant la recette.

On le prépare soit avec du poulet, soit avec du mouton. Après avoir coupé la viande en petits morceaux, on la fait revenir dans le beurre sur la poêle.

On se procure ensuite un très léger bouillon en arrosant cette viande avec de l'eau chaude. (Je crois qu'il voudrait mieux se servir de bouillon faible préparé d'avance.) On ajoute du poivre rouge en grande quantité, un soupçon de piment, du poivre ordinaire, du sel, des oignons, des dattes et des abricots secs, et on fait cuire jusqu'à ce que les dattes et les abricots se soient écrasés naturellement, puis on verse ce jus sur la viande. C'est exquis.

Le repas se termine invariablement par le kous-kous ou kouskoussou, le mets national. Les Arabes préparent le kous-kous en roulant à la main de la farine de façon à en former de petits grains pareils à du plomb de chasse. On cuit ces granules d'une façon particulière et on les arrose avec un bouillon spécial. Je serai muet sur ces recettes, pour qu'on ne m'accuse pas de ne parler que de cuisine.

Quelquefois on apporte encore des petits gâteaux au miel, feuilletés, qui sont fort bons.

Chaque fois qu'on vient de boire, le caïd qui vous reçoit

vous dit : *« Saa ! »* (à votre santé !) On doit lui répondre : *« Allah y selmeh ! »* ce qui équivaut à notre : « Que Dieu vous bénisse ! » Ces formules sont répétées dix fois pendant chaque repas.

Tous les soirs, vers quatre heures, nous nous installons sous une tente nouvelle ; tantôt au pied d'une montagne, tantôt au milieu d'une plaine sans limite.

Mais, comme la nouvelle de notre arrivée s'est répandue dans la tribu, on aperçoit de tous côtés, dans les lointains, dans la campagne stérile ou sur les collines, des petits points blancs qui s'approchent. Ce sont les Arabes qui viennent contempler l'officier et lui adresser leurs réclamations. Presque tous sont à cheval, d'autres à pied ; un grand nombre montent des bourricots tout petits. Ils sont à califourchon sur la croupe, contre la queue des bêtes trottinantes, et leurs longs pieds nus traînent à terre des deux côtés.

Aussitôt descendus de leur monture, ils arrivent et s'accroupissent autour de la tente ; puis ils restent là, immobiles, les yeux fixes, attendant. Enfin, le caïd leur fait un signe et les plaignants se présentent.

Car tout officier en tournée rend la justice d'une façon souveraine.

Ils apportent des réclamations invraisemblables, car nul peuple n'est chicanier, querelleur, plaideur et vindicatif comme le peuple arabe. Quant à savoir la vérité, quant à rendre un jugement équitable, il est absolument inutile d'y songer. Chaque partie amène un nombre fantastique de faux témoins qui jurent sur les cendres de leurs pères et mères, et affirment sous serment les mensonges les plus effrontés.

Voici quelques exemples :

Un *cadi* (la vénalité de ces magistrats musulmans est proverbiale et nullement usurpée) fait appeler un Arabe et lui adresse cette proposition : « Tu me donneras vingt-cinq douros et tu m'amèneras sept témoins qui déposeront par écrit, devant moi, que X... te doit soixante-quinze douros. Je te les ferai remettre. »

L'homme amène les témoins, qui déposent et signent. Alors le cadi appelle X... et lui dit : « Tu me donneras cinquante douros et tu m'amèneras neuf témoins qui déposeront que B... (le premier Arabe) te doit cent vingt-cinq douros. Je te les ferai remettre. » Le second Arabe amène ses témoins.

Alors le cadi appelle le premier devant lui et, fort de la déposition des sept témoins, lui fait donner soixante-quinze douros par le second. Mais, à son tour, le second réclame, et, sur l'affirmation de ses neuf témoins, le cadi lui fait remettre cent vingt-cinq douros par le premier.

La part du magistrat est donc de soixante-quinze douros (trois cent soixante-quinze francs), prélevés sur ses deux victimes.

Le fait est authentique.

Et cependant l'Arabe ne s'adresse presque jamais au juge de paix français, parce qu'on ne peut pas le corrompre, tandis que le cadi fait ce qu'on veut pour de l'argent.

Il éprouve aussi pour les formes tracassières de notre justice une insurmontable répugnance. Toute procédure écrite l'épouvante, car il pousse à l'extrême la peur superstitieuse du papier, sur lequel on peut mettre le nom de Dieu, ou tracer des caractères maléficiants.

Dans les commencements de la domination française, quand les musulmans trouvaient sur leur passage un bout de papier quelconque, ils le portaient pieusement à leurs lèvres et l'enfouissaient dans le sol ou le fourraient dans quelque trou de mur ou d'arbre. Cette coutume amena de si fréquentes et si désagréables surprises que les mahométans s'en guérirent bientôt.

Autre exemple de la fourberie arabe.

Dans une tribu près de Boghar, un assassinat est commis. On soupçonne un Arabe, mais les preuves manquent. Il y avait dans cette tribu un pauvre homme nouvellement venu d'une tribu voisine, établi là pour sauvegarder des intérêts pécuniaires. Un témoin l'accuse du meurtre. Un autre témoin suit le premier, puis un autre. Il en vint.quatre-vingt-dix avec les affirmations les plus précises. L'étranger fut condamné à mort et exécuté. On reconnut ensuite l'innocence du décapité. Les Arabes avaient simplement voulu se défaire d'un étranger qui les gênait, et empêcher un homme de leur tribu d'être *compromis !*

Les procès durent des années sans qu'une lueur de vérité puisse apparaître sous les affirmations des faux témoins. Alors on a recours à un moyen fort simple : on emprisonne les deux familles qui plaident, ainsi que tous les témoins. Puis on les relâche au bout de quelques mois ; et généralement ils restent alors tranquilles pendant près d'une année. Puis ils recommencent.

Il y a dans la tribu des Oulad-Alane, que nous avons traversée, un procès qui dure depuis trois ans, sans qu'aucune lumière puisse apparaître. Les deux plaideurs font de temps en temps un petit séjour sous les verrous, et recommencent.

Ils passent, du reste, leur vie à se voler entre eux, à se tromper et à se tirer des coups de fusil. Mais ils nous dissimulent le plus possible toutes les affaires où la poudre a joué son rôle.

Chez les Oulad-Mokhtar, un homme de grande taille se présente en demandant à entrer à l'hôpital français.

L'officier l'interroge sur sa maladie. Alors l'Arabe ouvre son vêtement et nous apercevons une plaie horrible, très vieille déjà et purulente, à la hauteur du foie. Ayant invité le blessé à se retourner, un autre trou nous apparut dans son dos, en face du premier, au centre d'une grosseur aussi volumineuse qu'une tête d'enfant. Lorsqu'on appuyait autour, des fragments d'os sortaient. Cet homme avait reçu manifestement un coup de fusil et la charge, entrée sous la poitrine, était sortie par le dos, en broyant deux ou trois côtes. Mais il nia avec énergie, protesta et jura que « c'était l'œuvre de Dieu ».

Dans ce pays sec, d'ailleurs, les plaies ne présentent jamais de gravité. Les fermentations, les pourritures produites par les éclosions de microbes n'existent point, ces animalcules ne vivant que sous les climats humides. À moins d'être tué sur le coup, à moins qu'un organe essentiel ne soit supprimé, les blessures sont toujours guéries.

Nous arrivions le lendemain chez le caïd Abd-el-Kader bel Hout, un parvenu. Sa tribu qu'il administre avec sagesse est moins turbulente et moins plaideuse que les autres. Peut-être faut-il chercher une autre cause à ce calme relatif.

Le pays n'ayant de sources que sur le versant sud du Djebel Gada, qui n'est point habité, l'eau naturellement n'est fournie que par les puits communs à toute la tribu. Il ne peut donc se produire *de détournements de cours*, ce qui est la principale cause de querelles et de haines dans tout le Sud.

Ici encore un homme se présenta en sollicitant son admission à l'hôpital français. Quand on lui demanda quelle maladie il avait, il releva sa gandoura et montra ses jambes. Elles étaient marbrées de taches bleues, flasques, molles, blettes comme un fruit trop mûr, avec des chairs tellement ramollies que le doigt y pénétrait comme dans une pâte qui gardait longtemps le trou creusé par cette pression. Ce pauvre diable présentait enfin tous les signes d'une syphilis épouvantable. Comme on lui demandait en quelle occasion cette infirmité lui était venue, il leva la main et jura par la mémoire de ses ancêtres que « c'était l'œuvre de Dieu ».

En vérité le Dieu des Arabes accomplit des œuvres bien singulières.

Lorsque toutes les réclamations ont été entendues, on essaye de dormir un peu sous la chaleur terrible de la tente.

Puis le soir vient ; on dîne. Un calme profond tombe sur la terre calcinée. Les chiens des douars commencent à hurler au loin, et les chacals leur répondent.

On s'étend sur les tapis sous le ciel criblé d'étoiles, qui semblent humides, tant leur clarté scintille ; et alors on cause longtemps, très longtemps. Tous les souvenirs reviennent, doux, précis et faciles à dire, sous ces nuits tièdes si pleines d'astres.

Tout autour de la tente de l'officier, des Arabes sont étendus par terre, et sur une ligne, les chevaux, entravés par les jambes de devant, restent debout, avec un homme de garde auprès de chacun d'eux.

Ils ne doivent pas se coucher, et ils restent toujours debout, ces chevaux ; car la monture d'un chef ne peut pas être fatiguée. Sitôt qu'ils essayent de s'étendre, un Arabe se précipite et les force à se relever.

Mais la nuit s'avance. Nous nous allongeons sur les tapis de laine épaisse, et parfois, dans les réveils subits, nous apercevons partout, sur la terre nue qui nous environne, des êtres blancs étendus et dormant, comme des cadavres dans des linceuls.

Un jour, après une marche de dix heures dans la poussière brûlante, comme nous venions d'arriver au campement, auprès d'un puits d'eau bourbeuse et saumâtre qui nous parut cependant exquise, le lieutenant me secoua soudain au moment où j'allais me reposer sous la tente, et me dit, en me montrant l'extrême horizon vers le sud : « Ne voyez-vous rien là-bas ? »

Après avoir regardé, je répondis : « Si, un tout petit nuage gris. »

Alors le lieutenant sourit : « Eh bien, asseyez-vous là et continuez à regarder ce nuage. »

Surpris, je demandai pourquoi. Mon compagnon reprit : « Si je ne me trompe, c'est un ouragan de sable qui nous arrive. »

Il était environ quatre heures et la chaleur se maintenait encore à quarante-huit degrés sous la tente. L'air semblait dormir sous l'oblique et intolérable flamme du soleil. Aucun souffle, aucun bruit, sauf le mouvement des mâchoires de nos chevaux entravés, qui mangeaient l'orge, et les vagues chuchotements des Arabes qui, cent pas plus loin, préparaient notre repas.

On eût dit cependant qu'il y avait autour de nous une autre chaleur que celle du ciel, plus concentrée, plus suffocante, comme celle qui vous oppresse quand on se trouve dans le voisinage d'un incendie considérable. Ce n'étaient point ces souffles ardents, brusques et répétés, ces caresses de feu qui annoncent et précèdent le sirocco, mais un échauffement mystérieux de tous les atomes de tout ce qui existe.

Je regardais le nuage qui grandissait rapidement, mais à la façon de tous les nuages. Il était maintenant d'un brun sale et montait très haut dans l'espace. Puis il se développa en large, ainsi que nos orages du Nord. En vérité, il ne me semblait présenter absolument rien de particulier.

Enfin, il barra tout le sud. Sa base était d'un noir opaque, son sommet cuivré paraissait transparent.

Un grand remuement derrière moi me fit me retourner. Les Arabes avaient fermé notre tente, et ils en chargeaient les bords de lourdes pierres. Chacun courait, appelait, se démenait avec cette allure effarée qu'on voit dans un camp au moment d'une attaque.

Il me sembla soudain que le jour baissait ; je levai les yeux vers le soleil. Il était couvert d'un voile jaune et ne paraissait plus être qu'une tache pâle et ronde s'effaçant rapidement.

Alors, je vis un surprenant spectacle. Tout l'horizon vers le sud avait disparu, et une masse nébuleuse, qui montait jusqu'au zénith, venait vers nous, mangeant les objets, raccourcissant à chaque seconde des limites de la vue, noyant tout.

Instinctivement je me reculai vers la tente. Il était temps. L'ouragan, comme une muraille jaune et démesurée, nous touchait. Il arrivait, ce mur, avec la rapidité d'un train lancé ; et soudain il nous enveloppa dans un tourbillon furieux de sable et de vent, dans une tempête de terre impalpable, brûlante, bruissante, aveuglante et suffocante.

Notre tente, maintenue par des pierres énormes, fut secouée comme une voile, mais résista. Celle de nos spahis, moins assujettie, palpita quelques secondes, parcourue par de grands frissons de toile ; puis soudain, arrachée de terre, elle s'envola et disparut aussitôt dans la nuit de poussière mouvante qui nous entourait.

On ne voyait plus rien à dix pas à travers ces ténèbres de sable. On respirait du sable, on buvait du sable, on mangeait du sable. Les yeux en étaient remplis, les cheveux en étaient poudrés ; il se glissait par le cou, par les manches, jusque dans nos bottes.

Ce fut ainsi toute la nuit. Une soif ardente nous torturait. Mais l'eau, le lait, le café, tout était plein de sable qui craquait sous notre dent. Le mouton rôti en était poivré ; le kouskous semblait fait uniquement de fins graviers roulés ; la farine du pain n'était plus que de la pierre pilée menu.

Un gros scorpion vint nous voir. Ce temps, qui plaît à ces bêtes, les fait toutes sortir de leurs trous. Les chiens du douar voisin ne hurlèrent pas ce soir-là.

Puis, au matin, tout était fini ; et le grand tyran meurtrier de l'Afrique, le soleil, se leva, superbe, sur un horizon clair.

On partit un peu tard, cette inondation de sable ayant troublé notre sommeil. Devant nous s'élevait la chaîne du Djebel Gada qu'il fallait traverser. Un défilé s'ouvrait sur la droite ; on suivit la montagne jusqu'au passage, où l'on s'engagea. Nous retrouvions l'alfa, l'horrible alfa. Puis soudain je crus découvrir la trace effacée d'une route, des ornières de roues. Je m'arrêtai surpris. Une route ici, quel mystère ? J'en eus l'explication. Un ancien caïd de cette tribu, ayant été grisé par l'exemple des Européens habitant Alger, voulut se donner le luxe d'un carrosse dans le désert. Mais, pour avoir une voiture, il faut posséder des routes, aussi cet ingénieux potentat occupa-t-il pendant des mois tous les Arabes, ses sujets, à des travaux de grande voirie. Ces misérables, sans pioches, sans pelles, sans outils, terrassant le plus souvent avec leurs mains, parvinrent cependant à aplanir plusieurs kilomètres de chemin. Cela suffisait à leur maître qui s'offrit ainsi des promenades à travers le Sahara dans un stupéfiant équipage, en compagnie de beautés indigènes qu'il envoyait quérir à Djelfa par son favori, un jeune Arabe de seize ans.

Il faut avoir vu ce pays pelé, rongé, dénudé ; il faut connaître l'Arabe avec son introublable gravité, pour comprendre le comique infini de ce débauché à tête de vautour, de cet élégant du désert promenant des cocottes aux pieds nus, dans une carriole de bois brut, à roues inégales, conduite à fond de train par son... mignon. Cette élégance du tropique, cette débauche saharienne, ce chic enfin, en pleine Afrique, me parurent d'une inoubliable drôlerie.

Notre troupe était nombreuse ce matin-là. Outre le caïd et son fils, nous étions accompagnés de deux cavaliers indigènes et d'un vieux homme maigre, à barbe en pointe, à nez crochu, avec une physionomie de rat, des manières obséquieuses, une échine courbe et des yeux faux. C'était encore, celui-là, un autre ancien caïd de la tribu, cassé pour concussion. Il devait nous servir de guide le lendemain, la route que nous allions suivre étant peu fréquentée des Arabes eux-mêmes.

Cependant nous arrivions peu à peu au sommet du défilé. Un pic droit barrait la vue ; mais, aussitôt que nous l'eûmes contourné, je fus frappé par la plus violente surprise, assurément, que me réservait ce voyage.

Une vaste plaine s'étendait devant nous, puis un lac, un lac immense, éblouissant au soleil, aveuglant, dont je ne voyais pas l'autre bout, perdu à l'horizon vers la gauche, et dont l'extrémité ouest se trouvait presque en face de moi. Un lac en cette contrée, en plein Sahara ? Un lac dont personne ne m'avait parlé, que n'indiquait aucun voyageur ? Étais-je fou ?

Je me tournai vers le lieutenant.

— Quel est ce lac ? lui demandai-je.

Il se mit à rire et répondit :

— Ce n'est pas de l'eau, c'est du sel.

Tout le monde s'y tromperait, en effet, tant l'illusion est parfaite. Cette Sebkra, qu'on appelle ici Zar'ez (le Zar'es-

Chergui), a environ cinquante à soixante kilomètres de longueur sur vingt, trente ou quarante kilomètres de largeur, suivant les endroits. Ces chiffres sont, bien entendu, approximatifs, ce pays n'ayant été que rarement et rapidement traversé, comme il l'est par nous aujourd'hui. Ces lacs de sel (ils sont deux, l'autre se trouve plus à l'ouest) donnent, d'ailleurs, leur nom à toute cette contrée qu'on appelle le Zar'ez. À partir de Bou-Saada, la plaine s'appelle le Hodna, baptisée alors par le lac salé de Msila.

Je regardais avec une stupéfaction émerveillée l'immense nappe de sel étincelant sous le soleil enragé de ces contrées. Toute cette surface, plane et cristallisée, luisait comme un miroir démesuré, comme une plaque d'acier ; et les yeux brûlés ne pouvaient supporter l'éclat de ce lac étrange, bien qu'il fût encore à vingt kilomètres de nous, ce que j'avais peine à croire, tant il me paraissait proche.

Nous finissions de descendre de l'autre côté du Djebel-Gada, et nous approchions du poste fortifié abandonné, dit poste de la Fontaine (Bordj-el-Hammam), où nous devions camper, cette étape étant, par extraordinaire, fort courte.

Le bâtiment à créneaux, construit au commencement de la conquête, afin de pouvoir occuper cette contrée perdue en cas d'insurrection, et y laisser une troupe à peu près en sûreté, est aujourd'hui fort détérioré. Le mur d'enceinte reste pourtant en assez bon état, et quelques pièces ont été maintenues habitables.

Comme les jours précédents, nous vîmes jusqu'au soir défiler des Arabes qui venaient exposer à « l'officier » des affaires infiniment embrouillées ou des griefs imaginaires dans la seule intention de parler au chef français.

Une folle, sortie on ne sait d'où, vivant on ne sait comment en ces solitudes désolées, rôdait sans cesse autour de nous. Sitôt que nous sortions, nous la retrouvions, accroupie en des postures singulières, presque nue, hideuse.

Les voyageurs poétisants ont beaucoup parlé du respect des Arabes pour les fous. Or voici comment on les respecte : dans leur famille... on les tue ! Plusieurs caïds, pressés de questions, nous l'ont avoué. Quelques-uns de ces misérables idiots arrivent, il est vrai, à la sainteté par le crétinisme. Ces exemples ne sont pas absolument particuliers à l'Afrique. La famille généralement se débarrasse des déments. Et les tribus restant pour nous un monde fermé, grâce au système des grands chefs indigènes, nous ne pouvons, le plus souvent, avoir même le soupçon de ces disparitions.

Comme j'avais peu marché dans la journée, j'écrivis une partie de la nuit. Vers onze heures, ayant très chaud, je sortis pour étaler un tapis devant la porte et dormir sous le ciel.

La pleine lune emplissait l'espace d'une clarté luisante qui semblait vernir tout ce qu'elle frôlait. Les montagnes, jaunes déjà sous le soleil, les sables jaunes, l'horizon jaune, semblaient plus jaunes encore, caressés par la lueur safranée de l'astre.

Là-bas, devant moi, le Zar'ez, le vaste lac de sel figé, semblait incandescent. On eût dit qu'une phosphorescence fantastique s'en dégageait, flottait au-dessus, une brume lumineuse de féerie, quelque chose de si surnaturel, de si doux, captivant le regard et la pensée, que je restai plus d'une heure à regarder, ne pouvant me résoudre à fermer les yeux. Et partout autour de moi, éclatants aussi sous la caresse de la lune, les burnous des Arabes endormis semblaient d'énormes flocons de neige tombés là.

On partit au soleil levant.

La plaine conduisant vers la Sebkra était faiblement inclinée, semée d'alfa maigre et roussi. Le vieil Arabe à figure de rat prit la tête et nous le suivions d'un pas rapide. Plus nous approchions, plus l'illusion de l'eau était parfaite. Comment cela pouvait-il n'être pas un lac, un lac géant ? Sa largeur, sur notre gauche, occupait tout l'espace entre les deux montagnes, distantes de trente à quarante kilomètres. Nous marchions droit vers son extrémité, car nous ne devions le traverser que sur une courte étendue.

Mais, de l'autre côté du Zar'ez, je distinguais une sorte de colline ou plutôt de bourrelet d'un jaune doré qui semblait le séparer de la montagne. Sur notre gauche, cette ligne suivait jusqu'à l'horizon la ligne blanche du sel ; et, sur notre droite, où s'étendait une plaine infinie et nue serrée entre les deux montagnes, je distinguais jusqu'à perte de vue cette même traînée jaune. Le lieutenant me dit : « Ce sont les dunes. Ce banc de sable a plus de deux cents kilomètres de long sur une largeur très variable. Nous le traverserons demain. »

Le sol devenait singulier, couvert d'une croûte de salpêtre que crevaient les pieds des chevaux. Des herbes se montraient, des joncs ; on sentait qu'une nappe d'eau s'étendait à fleur de terre. Cette plaine enfermée par des monts, buvant quatre rivières (des rivières périodiques), et recevant toutes les averses furieuses de l'hiver, serait un immense marécage si le terrible soleil n'en desséchait quand même la surface. Parfois, dans les creux, des flaques d'eau saumâtre apparaissaient et des bécassines s'envolaient devant nous avec ce crochet rapide qui leur est propre.

Puis soudain nous fûmes au bord de la Sebkra, et nous nous engageâmes sur cet océan tari.

Tout était blanc devant nous, d'un blanc d'argent neigeux, vaporeux et miroitant. Et même, en avançant sur cette surface cristallisée, poudrée d'une poussière de sel pareille à de la neige fine, et qui parfois s'enfonçait un peu sous le pied des bêtes, comme une glace molle, on gardait l'impression singulière qu'on avait devant les yeux une nappe d'eau. Une seule chose pouvait à la rigueur indiquer à un œil expérimenté que ce n'était point une étendue liquide : l'horizon. Ordinairement la ligne qui sépare l'eau du ciel reste sensible, l'une étant toujours plus ou moins foncée que l'autre. Quelquefois, il est vrai, tout semble se mêler ; la mer alors prend une teinte, une vague de nuée bleue fondue qui se perd dans l'azur pâlissant du vide infini. Mais il suffit de regarder attentivement pendant quelques instants pour toujours distinguer la séparation, si faible, si enveloppée qu'elle soit. Ici, on ne voyait rien. L'horizon était voilé entièrement dans une brume blanche, une sorte de vapeur de lait d'une douceur intraduisible ; et tantôt on cherchait dans l'espace la limite terrestre, tantôt on croyait la voir beaucoup trop bas, au milieu de la plaine salée sur laquelle flottaient ces buées crémeuses et singulières.

Tant que nous avions dominé le Zar'ez, nous avions gardé la perception nette des distances et des formes ; dès que nous fûmes dessus, toute certitude de la vue disparut ; nous nous trouvions enveloppés dans les fantasmagories du mirage.

Tantôt on croyait distinguer l'horizon à une distance prodigieuse ; et on apercevait soudain au milieu du lac figé, qui tout à l'heure semblait uni, vide et plat comme un miroir, d'énormes rochers bizarres, des roseaux démesurés, des îles aux berges escarpées. Puis, à mesure qu'on avançait, ces visions étranges disparaissaient brusquement comme englouties par un truc de théâtre ; et, à la place des blocs de rochers, on découvrait quelques toutes petites pierres. Les roseaux, en approchant, n'étaient plus que des herbes sèches, hautes comme le doigt, démesurément grandies par ce curieux effet d'optique ; les berges devenaient de légers renflements de la croûte saline, et cet horizon qu'on supposait à trente kilomètres, était fermé à cent mètres de nous par ce voile de buée tremblante que le furieux soleil du désert faisait sortir de la couche brûlante du sel.

Cela dura une heure environ, puis on toucha l'autre rive.

Ce fut d'abord une petite plaine ravinée, couverte d'une croûte d'argile sèche, et mêlée encore de salpêtre.

Nous montions une pente insensible, des herbes parurent, puis des espèces de joncs, puis une petite fleur bleue ressemblant au myosotis rustique, montée sur une longue tige mince comme un fil, et tellement odorante que son parfum couvrait le pays. Cette exquise senteur me donna l'impression fraîche d'un bain ; on la respirait longuement et la poitrine semblait s'élargir pour boire ce souffle délicieux.

On aperçut enfin un rang de peupliers, un vrai bois de roseaux, d'autres arbres, puis nos tentes, plantées sur la limite des sables dont les ondulations inégales, hautes jusqu'à huit ou dix mètres, se dressaient comme des flots remués.

La chaleur devenait féroce, doublée sans doute par les réverbérations de la Sebkra. Les tentes, de vraies étuves, étaient inhabitables ; et, aussitôt descendus de cheval, nous partîmes, pour chercher de l'ombre sous les arbres. Il fallut traverser d'abord une forêt de roseaux. Je marchais en avant, et soudain je me mis à danser en poussant des cris de joie. Je venais d'apercevoir des vignes, des abricotiers, des figuiers, des grenadiers couverts de fruits, toute une suite de jardins autrefois prospères, aujourd'hui envahis par les sables, et qui appartenaient à l'agha de Djelfa. Pas de mouton rôti pour déjeuner ! Quel bonheur ! Pas de kous-kous ! Quel délire ! Du raisin ! des figues ! des abricots ! Tout cela n'était pas très mûr. N'importe, ce fut une orgie, dont nous ressentîmes, je crois, quelque malaise. L'eau, par exemple, laissait à désirer. De la boue peuplée de larves. On n'en but guère.

Chacun s'enfonça dans les roseaux et s'endormit. Une sensation froide me réveilla en sursaut ; une énorme grenouille venait de me cracher un jet d'eau dans la figure. En cette contrée il faut être sur ces gardes et il n'est pas toujours prudent de dormir ainsi sous les rares verdures, surtout dans le voisinage des sables, où pullule la léfaa, dite vipère céraste ou vipère à cornes, dont la piqûre est mortelle et presque foudroyante. L'agonie souvent ne dure pas une heure. Ce reptile d'ailleurs est très lent et ne devient dangereux que si on marche dessus sans le voir, ou si on se couche dans son voisinage. Quand on le rencontre sur sa route, on peut même, avec de l'habitude et des précautions, le prendre à la main en le saisissant rapidement derrière les oreilles.

Je ne me suis pas offert cet exercice.

Cette petite et terrible bête habite aussi l'alfa, les pierres, tout endroit où elle trouve un abri. Quand on couche pour la première fois sur la terre, la pensée de ce reptile vous préoccupe; puis on y songe moins, puis on n'y songe plus. Quant aux scorpions, on les méprise. Ils sont d'ailleurs aussi communs là-bas que les araignées chez nous. Lorsqu'on en apercevait un auprès de notre campement, on l'entourait d'un cercle d'herbes sèches auquel on mettait le feu. La bête affolée, se sentant perdue, relevait sa queue, la ramenait en cercle au-dessus de sa tête et se tuait en se piquant elle-même. On m'a du moins affirmé qu'elle se tuait, car je l'ai toujours vue mourir dans la flamme.

Voici en quelle occasion je vis cette vipère pour la première fois.

Un après-midi, comme nous traversions une immense plaine d'alfa, mon cheval donna plusieurs fois de vives marques d'inquiétude. Il baissait la tête, reniflait, s'arrêtait, semblait suspecter chaque touffe. Je suis, je l'avoue, fort mauvais cavalier, et ces brusques arrêts, outre qu'ils m'emplissaient de méfiance sur mon équilibre, me jetaient brusquement dans l'estomac l'énorme piton de ma selle arabe. Le lieutenant, mon compagnon, riait de tout son cœur. Soudain ma bête fit un bond et se mit à regarder par terre quelque chose que je ne voyais point, en refusant obstinément d'avancer. Prévoyant une catastrophe, je préférai descendre, et je cherchai la cause de cet effroi. J'avais devant moi une maigre touffe d'alfa. Je la frappai, à tout hasard, d'un coup de bâton; et soudain, un petit reptile s'enfuit qui disparut dans la plante voisine.

C'était une léfaa.

Le soir de ce même jour, dans une plaine rocheuse et nue, mon cheval fit un nouvel écart. Je sautai à terre, persuadé que j'allais trouver une autre léfaa. Mais je ne vis rien. Puis, en remuant une pierre, une haute araignée, blonde comme le sable, svelte, singulièrement rapide, s'enfuit et disparut sous un roc avant que je pusse l'atteindre. Un spahi qui m'avait rejoint la nomma « un scorpion du vent », terme imagé pour exprimer sa vélocité. C'était, je crois, une tarentule.

Une nuit encore, pendant mon sommeil, quelque chose de glacé me toucha la figure. Je me dressai d'un bond, effaré ; mais le sable, la tente, tout était perdu dans l'ombre, je ne distinguais que les grandes taches blanches des Arabes endormis autour de nous. Avais-je été mordu par une léfaa qui se promenait près de mon visage ? Était-ce un scorpion ? D'où venait ce contact froid sur ma face ? Très anxieux j'allumai notre lanterne ; je baissai les yeux, le pied levé, prêt à frapper, et je vis un monstrueux crapaud, un de ces fantastiques crapauds blancs qu'on rencontre dans le désert, qui, le ventre gonflé, les pattes écartées, me regardait. La vilaine bête m'avait trouvé sans doute sur sa route habituelle et était venue se heurter à ma figure.

Comme vengeance, je le contraignis à fumer une cigarette. Il en est mort d'ailleurs. Voici comment on procède. On ouvre de force sa bouche étroite ; on y introduit un bout du fin papier plein de tabac roulé, et on allume l'autre bout. L'animal suffoqué souffle de toute sa vigueur pour se débarrasser de cet instrument de supplice, puis, bon gré mal gré, il est ensuite contraint d'aspirer. Alors il souffle de nouveau, enflé, expirant et comique ; et jusqu'au bout il faut qu'il fume, à moins qu'on ait pitié de lui. Il expire généralement étouffé et gros comme un ballon.

Comme sport saharien on fait souvent assister les étrangers à la lutte d'une léfaa et d'un ouran.

Qui de nous n'a rencontré dans le Midi tous ces pauvres petits lézards à queue coupée courant le long des vieux murs. On se demande d'abord quel est le mystère de ces queues absentes. Puis, un jour, comme on lisait à l'ombre d'une haie, on vit soudain une couleuvre jaillir d'une crevasse et s'élancer vers l'innocente et gentille bête se chauffant sur une pierre. Le lézard fuit, mais, plus rapide, le reptile l'a saisi par la queue, par sa longue queue mobile, et la moitié de ce membre reste entre les dents pointues de l'ennemi tandis que l'animal mutilé disparaît dans un trou.

Eh bien, l'ouran, qui n'est autre chose que le crocodile de terre dont parle Hérodote, sorte de gros lézard du Sahara, venge sa race sur la terrible léfaa.

Le combat de ces deux animaux est d'ailleurs plein d'intérêt. Il a lieu généralement dans une vieille caisse à savon. On y dépose le lézard qui se met à courir avec une singulière vitesse, cherchant à fuir ; mais, dès qu'on a vidé dans la boîte le petit sac contenant la vipère, il devient immobile. Son œil seul remue très vite. Puis il fait quelques pas rapides, comme s'il glissait, pour se rapprocher de l'ennemi, et il attend. La léfaa, de son côté, considère le lézard, sent le danger et se prépare à la bataille ; puis, d'une détente elle se jette sur lui. Mais il est déjà loin, filant comme une flèche, à peine visible dans sa course. Il attaque à son tour, revenu d'une lancée avec une surprenante rapidité. La léfaa s'est retournée, et tend vers lui sa petite gueule ouverte, prête à mordre de sa morsure foudroyante. Mais il a passé, frôlant le reptile qu'il regarde de nouveau, hors d'atteinte, de l'autre bout de la caisse.

Et cela dure un quart d'heure, vingt minutes, parfois davantage. La léfaa, exaspérée, se fâche, rampe vers l'ouran qui fuit sans cesse, plus souple que le regard, revient, tourne, s'arrête, repart, épuise et affole son redoutable adversaire. Puis soudain ayant choisi l'instant, il file dessus si vite qu'on aperçoit seulement la vipère convulsée, étranglée par la forte mâchoire triangulaire du lézard qui l'a saisie par le cou, derrière les oreilles, juste à la place où la prennent les Arabes.

On songe, en voyant la lutte de ces petites bêtes au fond d'une caisse à savon, aux courses de taureaux d'Espagne dans les cirques majestueux. Il serait plus terrible cependant de déranger ces infimes combattants que d'affronter la colère beuglante de la grosse bête armée de cornes aiguës.

On rencontre souvent dans le Sahara un serpent affreux à voir, long souvent de plus d'un mètre et pas plus gros que le petit doigt. Aux environs de Bou-Saada ce reptile inoffensif inspire aux Arabes une terreur superstitieuse. Ils prétendent qu'il perce comme une balle les corps les plus durs, que rien ne peut arrêter son élan dès qu'il aperçoit un objet brillant. Un Arabe m'a raconté que son frère avait été traversé par une de ces bêtes qui du même choc avait tordu l'étrier. Il est évident que cet homme a simplement reçu une balle juste au moment où il apercevait le reptile.

Aux environs de Laghouat ce serpent n'inspire au contraire aucune terreur et les enfants le prennent dans leurs mains.

La pensée de tous ces redoutables habitants du désert m'empêcha quelque peu de dormir sous les roseaux de Raïane-Chergui. Tout frôlement auprès de mes oreilles me faisait me dresser brusquement.

Le jour baissait, je réveillai mes compagnons pour aller nous promener dans les dunes et tâcher de trouver quelque léfaa ou quelque poisson de sable.

L'animal qu'on appelle le poisson de sable et que les Arabes nomment *dwb* (on prononce *dob*) est une autre sorte de gros lézard qui vit dans les sables, y creuse son trou, et dont la chair est assez bonne, dit-on. Nous avons souvent suivi ses traces sans parvenir à en trouver un. Dans le sable on rencontre encore un tout petit insecte dont les mœurs sont bien curieuses : le fourmi-lion. Il forme un entonnoir un peu plus large qu'une pièce de cent sous, creux en proportion, et il s'installe dans le fond, en embuscade. Dès qu'une bête quelconque, araignée, larve ou autre, glisse sur les bords rapides de sa tanière, il lui lance coup sur coup des décharges de sable, l'étourdit, l'aveugle, la force à dégringoler jusqu'au bas de la pente ! Alors il s'en empare et la mange.

Le fourmi-lion fut, ce jour-là, notre plus grande distraction. Puis le soir ramena le mouton rôti, le kous-kous et le lait aigre. Quand l'heure des repas approchait, je pensais souvent au Café anglais.

Puis on se coucha sur les tapis devant les tentes, la chaleur ne permettant pas de rester dessous. Et nous avions, l'un devant nous, l'autre derrière, ces deux voisins étranges : le sable houleux comme une mer agitée et le sel uni comme une mer calme.

Le lendemain on traversa les dunes. On eût dit l'Océan devenu poussière au milieu d'un ouragan ; une tempête silencieuse de vagues énormes, immobiles, en sable jaune. Elles sont hautes comme des collines, ces vagues, inégales, différentes, soulevées tout à fait comme des flots déchaînés, mais plus grandes encore et striées comme de la moire. Sur cette mer furieuse, muette et sans mouvement, le dévorant soleil du sud verse sa flamme implacable et directe.

Il faut gravir ces lames de cendre d'or, dégringoler de l'autre côté, gravir encore, gravir sans cesse, sans repos et sans ombre. Les chevaux râlent, enfoncent jusqu'aux genoux et glissent en dévalant l'autre versant des surprenantes collines.

Nous ne parlions plus, accablés de chaleur et desséchés de soif comme ce désert ardent.

Parfois, dit-on, on est surpris dans ces vallons de sable par un incompréhensible phénomène que les Arabes considèrent comme un signe assuré de mort.

Quelque part, près de soi, dans une direction indéterminée, un tambour bat, le mystérieux tambour bat, le mystérieux tambour des dunes. Il bat distinctement, tantôt plus vibrant, tantôt affaibli, arrêtant, puis reprenant son roulement fantastique.

On ne connaît point, paraît-il, la cause de ce bruit surprenant. On l'attribue généralement à l'écho grossi, multiplié, démesurément enflé par les ondulations des dunes, d'une grêle de grains de sable emportés dans le vent et heurtant des touffes d'herbes sèches, car on a toujours remarqué que le phénomène se produit dans le voisinage de petites plantes brûlées par le soleil et dures comme du parchemin.

Ce tambour ne serait donc qu'une sorte de mirage du son.

Dès que nous fûmes sortis des dunes, nous aperçûmes trois cavaliers qui venaient au galop vers nous. Quand ils arrivèrent à cent pas environ, le premier mit pied à terre et s'approcha en boitant un peu. C'était un homme d'environ soixante ans, assez gros (ce qui est rare en ce pays), avec une dure physionomie arabe, des traits accentués, creusés, presque féroces. Il portait la croix de la Légion d'honneur. On le nommait Si Cherif ben Vhabeizzi, caïd des Oulad-Dia.

Il nous fit un long discours d'un air furieux pour nous inviter à entrer sous sa tente et à prendre une collation.

C'était la première fois que je pénétrais dans l'intérieur d'un chef nomade.

Un amoncellement de riches tapis de laine frisée couvrait le sol ; d'autres tapis étaient dressés pour cacher la toile nue ; d'autres tendus sur nos têtes formaient un épais, un impénétrable plafond. Des sortes de divans, ou plutôt de trônes, étaient aussi recouverts d'étoffes admirables ; et une cloison faite de tentures orientales, coupant la tente en deux moitiés égales, nous séparait de la partie habitée par les femmes dont nous distinguions par moment les voix murmurantes.

On s'assit. Les deux fils du caïd prirent place auprès de leur père, qui se levait lui-même de temps en temps, disait un mot dans l'appartement voisin par-dessus la séparation ; et une main invisible passait un plat fumant que le chef nous présentait aussitôt.

On entendait jouer et crier des petits enfants auprès de leurs mères. Quelles étaient ces femmes ? Elles nous regardaient sans doute par d'invisibles ouvertures, mais nous ne les pûmes point voir.

La femme arabe, en général, est petite, blanche comme du lait, avec une physionomie de jeune mouton. Elle n'a de pudeur que pour son visage. On rencontre celles du peuple allant au travail, la figure voilée avec soin, mais le corps couvert seulement de deux bandes de laine tombant l'une par devant, l'autre par derrière, et laissant voir, de profil, toute la personne.

À quinze ans ces misérables, qui seraient jolies, sont déformées, épuisées par les dures besognes. Elles peinent du matin au soir à toutes les fatigues, vont chercher l'eau à plusieurs kilomètres avec un enfant sur le dos. Elles semblent vieilles à vingt-cinq ans.

Leur visage, qu'on aperçoit parfois, est tatoué d'étoiles bleues sur le front, les joues et le menton. Le corps est épilé, par mesure de propreté. Il est fort rare d'apercevoir les femmes des Arabes riches.

On repartit aussitôt la collation achevée, et, le soir, nous arrivâmes au rocher de sel Khang-el-Melah.

C'est une sorte de montagne grise, verte, bleue, aux reflets métalliques, aux croupes singulières ; une montagne de sel ! Des eaux plus salées que l'Océan s'échappent de son pied et, volatilisées par la chaleur folle du soleil, laissent sur le sol une écume blanche, pareille à la bave des flots, une mousse de sel ! On ne voit plus la terre, cachée sous une poudre légère, comme si quelque colosse se fût amusé à râper ce mont pour en semer la poussière alentour ; et de gros blocs détachés gisent dans les enfoncements, des blocs de sel !

Sous ce rocher extraordinaire se creusent, paraît-il, des puits fort profonds qu'habitent des milliers de colombes.

Le lendemain nous étions à Djelfa.

Djelfa est une vilaine petite ville à la française, mais habitée par des officiers fort aimables qui en rendaient charmant le séjour.

Après un court repos, nous nous sommes remis en route.

Nous avons recommencé notre long voyage par les longues plaines nues. De temps en temps on rencontrait des troupeaux. Tantôt c'étaient des armées de moutons de la couleur du sable ; tantôt à l'horizon se dessinaient des bêtes singulières que la distance faisait petites et qu'on eût prises, avec leur dos en bosse, leur grand cou recourbé, leur allure lente, pour des bandes de hauts dindons. Puis, en approchant, on reconnaissait des chameaux avec leur ventre gonflé des deux côtés comme un double ballon, comme une outre démesurée, leur ventre qui contient jusqu'à soixante litres d'eau. Eux aussi avaient la couleur du désert comme tous les êtres nés dans ces solitudes jaunes. Le lion, l'hyène, le chacal, le crapaud, le lézard, le scorpion, l'homme lui-même prennent là toutes les nuances du sol calciné, depuis le roux brûlant des dunes mouvantes jusqu'au gris pierreux des montagnes. Et la petite alouette des plaines est si pareille à la poussière de terre qu'on la voit seulement quand elle s'envole.

De quoi vivent donc les bêtes dans ces contrées arides, car elles vivent ?

Pendant la saison des pluies, ces plaines se couvrent d'herbes en quelques semaines, puis le soleil, en quelques jours, dessèche et brûle cette rapide végétation. Alors ces plantes prennent elles-mêmes la couleur du sol ; elles se cassent, s'émiettent, se répandent sur la terre comme une paille hachée menue et qu'on ne distingue même plus. Mais les troupeaux savent la trouver et s'en nourrissent. Ils vont devant eux, cherchant cette poudre d'herbes sèches. On dirait qu'ils mangent des pierres.

Que penserait un fermier normand en face de ces singuliers pâturages ?

Puis nous avons traversé une région où on ne rencontrait même plus guère d'oiseaux. Les puits devenaient introuvables.

Nous regardions passer au loin de singulières petites colonnes de poussière qui ont l'air d'une fumée, tantôt droites, tantôt penchées ou tordues, et qui courent rapidement sur le sol, hautes de quelques mètres, larges au sommet et minces du pied.

Les remous de l'air, formant ventouse, soulèvent et entraînent ces nuées transparentes et vraiment fantastiques, qui seules mettent un mouvement en ces lieux lamentablement déserts.

Cinq cents mètres en avant de notre petite troupe, un cavalier servant de guide nous dirigeait à travers la morne et toute droite solitude. Pendant dix minutes, il allait au pas, immobile sur la selle, et chantant, en sa langue, une chanson traînante, avec ces rythmes étranges de là-bas. Nous imitions son allure. Puis soudain il partait au trot, à peine secoué, son grand bournous voltigeant, le corps d'aplomb, debout sur les étriers. Et nous partions derrière lui, jusqu'au moment où il s'arrêtait pour reprendre un train plus doux.

Je demandai à mon voisin :

— Comment peut-il nous conduire à travers ces espaces nus, sans points de repère !

Il me répondit :

— Quand il n'y aurait que les os des chameaux.

En effet, de quart d'heure en quart d'heure, nous rencontrions quelque ossement énorme rongé par les bêtes, cuit par le soleil, tout blanc et tachant le sable. C'était parfois un morceau de jambe, parfois un morceau de mâchoire, parfois un bout de colonne vertébrale.

— D'où viennent tous ces débris ? demandai-je.

Mon voisin répliqua :

— Les convois laissent en route chaque animal qui ne peut plus suivre ; et les chacals n'emportent pas tout.

Et pendant plusieurs journées nous avons continué ce voyage monotone, derrière le même Arabe, dans le même ordre, toujours à cheval, presque sans parler.

Or, un après-midi, comme nous devions, au soir, atteindre Bou-Saada, j'aperçus, très loin devant nous, une masse brune, grossie d'ailleurs par le mirage, et dont la forme m'étonna. À notre approche, deux vautours s'envolèrent. C'était une charogne encore baveuse malgré la chaleur, vernie par le sang pourri. La poitrine seule restait, les membres ayant été sans doute emportés par les voraces mangeurs de morts.

— Nous avons des voyageurs devant nous, dit le lieutenant.

Quelques heures après, on entrait dans une sorte de ravin, de défilé, fournaise effroyable, aux rochers dentelés comme des scies, pointus, rageurs, révoltés, semblait-il, contre le ciel impitoyablement féroce. Un autre corps gisait là. Un chacal s'enfuit qui le dévorait.

Puis, au moment où l'on débouchait de nouveau dans une plaine, une masse grise, étendue devant nous, remua, et lentement, au bout d'un cou démesuré, je vis se dresser la tête d'un chameau agonisant. Il était là, sur le flanc, depuis deux ou trois jours peut-être, mourant de fatigue et de soif. Ses longs membres qu'on aurait dit brisés, inertes, mêlés, gisaient sur le sol de feu. Et lui, nous entendant venir, avait levé sa tête, comme un phare. Son front, rongé par l'inexorable soleil, n'était qu'une plaie, coulait ; et son œil résigné nous suivit. Il ne poussa pas un gémissement, ne fit pas un effort pour se lever. On eût cru qu'il savait, qu'ayant déjà vu mourir ainsi beaucoup de ses frères dans ses longs voyages à travers les solitides, il connaissait bien l'inclémence des hommes. C'était son tour, voilà tout. Nous passâmes.

Or, m'étant retourné longtemps après j'aperçus encore, dressé sur le sable, le grand col de la bête abandonnée regardant jusqu'à la fin s'enfoncer à l'horizon les derniers vivants qu'elle dût voir.

Une heure plus tard ce fut un chien tapi contre un roc, la gueule ouverte, les crocs luisants, incapable de remuer une patte, l'œil tendu sur deux vautours qui, près de là, épluchaient leurs plumes en attendant sa mort. Il était tellement obsédé par la terreur des bêtes patientes, avides de sa chair, qu'il ne tourna pas la tête, qu'il ne sentit pas les pierres qu'un spahi lui lançait en passant.

Et soudain, à la sortie d'un nouveau défilé, j'aperçus devant moi l'oasis.

C'est une inoubliable apparition. On vient de traverser d'interminables plaines, de franchir des montagnes aiguës, pelées, calcinées, sans rencontrer un arbre, une plante, une feuille verte, et voici, devant vous, à vos pieds, une masse opaque de verdure sombre, quelque chose comme un lac de feuillage presque noir étendu sur le sable. Puis, derrière cette grande tache, le désert recommence, s'allongeant à l'infini jusqu'à l'insaisissable horizon où il se mêle au ciel.

La ville descend en pente jusqu'aux jardins.

Quelles villes, ces cités du Sahara ! Une agglomération, un amoncellement de cubes de boue séchés au soleil. Toutes ces huttes carrées de fange durcie sont collées les unes contre les autres, de façon à laisser seulement entre leurs lignes capricieuses des espèces de galeries étroites, les rues, semblables à ces couloirs que trace un passage régulier de bêtes.

La cité entière d'ailleurs, cette pauvre cité de terre délayée, fait songer à des constructions d'animaux quelconques, à des habitations de castors, à des travaux informes accomplis sans outils, avec les moyens que la nature a laissés aux créatures d'ordre inférieur.

De place en place un palmier magnifique s'épanouit à vingt pieds du sol. Puis tout à coup on entre dans une forêt dont les allées sont enfermées entre deux hauts murs d'argile. À droite, à gauche, un peuple de dattiers ouvre ses larges parasols au-dessus des jardins, abritant de son ombre épaisse et fraîche la foule délicate des arbres fruitiers. Sous la protection de ces palmes géantes que le vent agite comme de larges éventails, poussent les vignes, les abricotiers, les figuiers, les grenadiers et les légumes inestimables.

L'eau de la rivière, gardée en de larges réservoirs, est distribuée aux propriétés, comme le gaz en nos pays. Une administration sévère fait le compte de chaque habitant, qui, au moyen de longues rigoles, dispose de la source pendant une ou deux heures par semaine selon l'étendue de son domaine.

On estime la fortune par tête de palmier. Ces arbres, gardiens de la vie, protecteurs des sèves, plongent sans cesse leur pied dans l'eau tandis que leur front baigne dans le feu.

Le vallon de Bou-Saada qui amène la rivière aux jardins est merveilleux comme un paysage de rêve. Il descend, plein de dattiers, de figuiers, de grandes plantes magnifiques entre deux montagnes dont les sommets sont rouges. Tout le long du rapide cours d'eau, des femmes arabes, la tête voilée et les jambes découvertes, lavent leur linge en dansant dessus. Elles le roulent en tas dans le courant, et le battent de leurs pieds nus, en se balançant avec grâce.

Le fleuve, le long de ce ravin, court et chante. En sortant de l'oasis, il est encore abondant ; mais le désert qui l'attend, le désert jaune et assoiffé, le boit tout à coup, aux portes des jardins, l'engloutit brusquement en ses sables stériles.

Quand on monte sur la mosquée, au coucher du soleil, pour contempler l'ensemble de la ville, l'aspect est des plus singuliers. Les toits plats et carrés forment comme une cascade de damiers de boue ou de mouchoirs sales. Là-dessus s'agite toute la population qui grimpe sur ses huttes dès que le soir vient. Dans les rues on ne voit personne, on n'entend rien ; mais sitôt que vous découvrez l'ensemble des toits d'un lieu élevé, c'est un mouvement extraordinaire. On prépare le souper. Des grappes d'enfants en loques blanches grouillent dans les coins ; ce paquet informe de linge sale qui représente la femme arabe du peuple fait cuire le kous-kous ou bien travaille à quelque ouvrage.

La nuit tombe. On étend alors sur ce toit les tapis du Djebel-Amour, après avoir soigneusement chassé les scorpions qui pullulent dans ces taudis ; puis toute la famille s'endort en plein air sous l'étincelant fourmillement des astres.

L'oasis de Bou-Saada, bien que petite, est une des plus charmantes d'Algérie. On peut, aux environs, chasser la gazelle, qu'on y rencontre en quantité. On y trouve aussi en abondance la redoutable léfaa et même la hideuse tarentule aux longues pattes, dont on voit courir l'ombre énorme, le soir, sur les murs des cases.

On fait en ce ksar un commerce assez considérable, parce qu'il se trouve un peu sur la route du Mzab.

Les Mozabites et les Juifs sont les seuls marchands, les seuls négociants, les seuls êtres industrieux de toute cette partie de l'Afrique.

Dès qu'on avance dans le Sud, la race juive se révèle sous un aspect hideux qui fait comprendre la haine féroce de certains peuples contre ces gens, et même les massacres récents. Les Juifs d'Europe, les Juifs d'Alger, les Juifs que nous connaissons, que nous coudoyons chaque jour, nos voisins et nos amis, sont des hommes du monde, instruits, intelligents, souvent charmants. Et nous nous indignons violemment quand nous apprenons que les habitants de quelque petite ville inconnue et lointaine ont égorgé et noyé quelques centaines d'enfants d'Israël. Je ne m'étonne plus aujourd'hui ; car nos Juifs ne ressemblent guère aux Juifs de là-bas.

À Bou-Saada, on les voit accroupis en des tanières immondes, bouffis de graisse, sordides et guettant l'Arabe comme une araignée guette la mouche. Ils l'appellent, essayent de lui prêter cent sous contre un billet qu'il signera. L'homme sait le danger, hésite, ne veut pas. Mais le désir de boire et d'autres désirs encore le tiraillent. Cent sous représentent pour lui tant de jouissances !

Il cède enfin, prend la pièce d'argent, et signe le papier graisseux.

Au bout de trois mois il devra dix francs, cent francs au bout d'un an, deux cents francs au bout de trois ans. Alors le Juif fait vendre sa terre, s'il en a une, ou, sinon, son chameau, son cheval, son bourricot, tout ce qu'il possède enfin.

Les chefs, caïds, aghas ou bach'aghas tombent également dans les griffes de ces rapaces qui sont le fléau, la plaie saignante de notre colonie, le grand obstacle à la civilisation et au bien-être de l'Arabe.

Quand une colonne française va razzier quelque tribu rebelle, une nuée de Juifs la suit, achetant à vil prix le butin qu'ils revendent aux Arabes dès que le corps d'armée s'est éloigné.

Si l'on saisit, par exemple, six mille moutons dans une contrée, que faire de ces bêtes ? Les conduire aux villes ? Elles mourraient en route, car comment les nourrir, les faire boire pendant les deux ou trois cents kilomètres de terre nue qu'on devra traverser ? Et puis il faudrait, pour emmener et garder un pareil convoi, deux fois plus de troupes que n'en compte la colonne.

Alors les tuer ? Quel massacre et quelle perte ! Et puis les Juifs sont là qui demandent à acheter, à deux francs l'un, des moutons qui en valent vingt. Enfin le trésor gagnera toujours douze mille francs. On les leur cède.

Huit jours plus tard les premiers propriétaires ont repris à trois francs par tête leurs moutons. La vengeance française ne coûte pas cher.

Le Juif est maître de tout le sud de l'Algérie. Il n'est guère d'Arabe en effet qui n'ait une dette, car l'Arabe n'aime pas rendre. Il préfère renouveler son billet à cent ou deux cents pour cent. Il se croit toujours sauvé quand il gagne du temps. Il faudrait une loi spéciale pour modifier cette déplorable situation.

Le Juif, d'ailleurs, dans tout le Sud, ne pratique guère que l'usure, par tous les moyens aussi déloyaux que possible, et les véritables commerçants sont les Mozabites.

Quand on arrive dans un village quelconque du Sahara, on remarque aussitôt toute une race particulière d'hommes qui se sont emparés des affaires du pays. Eux seuls ont les boutiques ; ils tiennent les marchandises d'Europe et celles de l'industrie locale ; ils sont intelligents, actifs, commerçants dans l'âme. Ce sont les Beni-Mzab ou Mozabites. On les a surnommés « les Juifs du désert ».

L'Arabe, le véritable Arabe, l'homme de la tente, pour qui tout travail est déshonorant, méprise le Mozabite commerçant ; mais il vient à époques fixes s'approvisionner dans son magasin ; il lui confie les objets précieux qu'il ne peut garder dans la vie errante. Une espèce de pacte constant est établi entre eux.

Les Mozabites ont donc accaparé tout le commerce de l'Afrique du Nord. On les trouve autant dans nos villes que dans les villages sahariens. Puis, sa fortune faite, le marchand retourne au Mzab, où il doit subir une sorte de purification avant de reprendre ses droits politiques.

Ces Arabes, qu'on reconnaît à leur taille, plus petite et plus trapue que celle des autres peuplades, à leur face souvent plate et fort large, à leurs fortes lèvres et à leur œil généralement enfoncé sous un sourcil droit et très fourni, sont des schismatiques musulmans. Il appartiennent à une des trois sectes dissidentes de l'Afrique du Nord, et semblent à certains savants être les descendants actuels des derniers sectaires du kharedjisme.

Le pays de ces hommes est peut-être le plus étrange de la terre d'Afrique.

Leurs pères, chassés de Syrie par les armes du Prophète, vinrent habiter dans le Djebel-Nefoussa, à l'ouest de Tripoli de Barbarie.

Mais, repoussés successivement de tous les points où ils s'établirent, jalousés partout à cause de leur intelligence et de leur industrie, suspectés aussi en raison de leur hétérodoxie, ils s'arrêtèrent enfin dans la contrée la plus aride, la plus brûlante, la plus affreuse de toutes. On l'appelle en arabe Hammada (échauffé) et Chebka (filet) parce qu'elle ressemble à un immense filet de rochers et de rocailles noires.

Le pays des Mozabites est situé à cent cinquante kilomètres environ de Laghouat.

Voici comment M. le commandant Coÿne, l'homme qui connaît le mieux tout le sud de l'Algérie, décrit son arrivée au Mzab dans une brochure des plus intéressantes :

« À peu près au centre de la Chebka se trouve une sorte de cirque formé par une ceinture de roches calcaires très luisantes et à pentes très raides sur l'intérieur. Il est ouvert au nord-ouest et au sud-est, par deux tranchées qui laissent passer l'Oued-Mzab. Ce cirque, d'environ dix-huit kilomètres de long sur une largeur de deux kilomètres au plus, renferme cinq des villes de la confédération du Mzab, et les terrains que cultivent exclusivement en jardins les habitants de cette vallée.

« Vue de l'extérieur et du côté du nord et de l'est, cette ceinture de rochers offre l'aspect d'une agglomération de koubbas étagées, les unes au-dessus des autres, sans aucune espèce d'ordre ; on dirait d'une immense nécropole arabe. La nature elle-même paraît morte. Là, aucune trace de végétation ne repose l'œil, les oiseaux de proie eux-mêmes semblent fuir ces régions désolées. Seuls les rayons d'un implacable soleil se reflètent sur ces murailles de rochers d'un blanc grisâtre et produisent, par les ombres qu'ils portent, des dessins fantastiques.

« Aussi quel n'est pas l'étonnement, je dirai même l'enthousiasme du voyageur lorsque, arrivé sur la crête de cette ligne de rochers, il découvre dans l'intérieur du cirque cinq villes populeuses entourées de jardins d'une végétation luxuriante, se découpant en vert sombre sur les fonds rougeâtres du lit de l'oued Mzab.

« Autour de lui, le désert dénudé, la mort ; à ses pieds, la vie et les preuves évidentes d'une civilisation avancée. »

Le Mzab est une république, ou plutôt une commune dans le genre de celle que tentèrent d'établir les révolutionnaires parisiens en 1871.

Personne au Mzab n'a le droit de rester inactif ; et l'enfant, dès qu'il peut marcher et porter quelque chose, aide son père à l'arrosage des jardins, qui forme la constante et la plus grande occupation des habitants. Du matin au soir, le mulet ou le chameau tire, dans le seau de cuir, l'eau déversée ensuite dans une rigole ingénieusement organisée de façon que pas une goutte du précieux liquide ne soit perdue.

Le Mzab compte en outre un grand nombre de barrages pour emmagasiner les pluies. Il est donc infiniment plus avancé que notre Algérie.

La pluie ! c'est le bonheur, l'aisance assurée, la récolte sauvée pour le Mozabite ; aussi, dès qu'elle tombe, une espèce de folie s'empare des habitants. Ils sortent par les rues, tirent des coups de fusil, chantent, courent aux jardins, à la rivière qui se remet à couler, et aux digues, dont l'entretien est assuré par chaque citoyen. Dès qu'une digue est menacée, tout le monde doit s'y porter.

Et ces gens-là, par leur travail constant, leur industrie et leur sagesse, ont fait de la partie la plus sauvage et la plus désolée du Sahara un pays vivant, planté, cultivé, où sept villes prospères s'étalent au soleil. Aussi le Mozabite est-il jaloux de sa patrie, il en défend autant que possible l'entrée aux Européens. Dans certaines villes, comme Beni-Isguem, nul étranger n'a le droit de coucher, même une seule nuit.

La police est faite par tout le monde. Personne ne refuserait de prêter main-forte en cas de besoin. Il n'y a en ce pays ni pauvres ni mendiants. Les nécessiteux sont nourris par leur fraction.

Presque tout le monde sait lire et écrire.

On voit partout des écoles, des établissements communaux considérables. Et beaucoup de Mozabites, après avoir passé quelque temps dans nos villes, reviennent chez eux sachant le français, l'italien et l'espagnol.

La brochure du commandant Coÿne contient sur ce curieux petit peuple un nombre infini de surprenants détails.

À Bou-Saada, comme dans toutes les oasis et toutes les villes, ce sont les Mozabites qui font le commerce, les échanges, tiennent des boutiques de toute espèce et se livrent à toutes les professions.

Après quatre jours passés dans cette petite cité saharienne, je suis reparti pour la côte.

Les montagnes qu'on rencontre en se dirigeant vers le littoral ont un singulier aspect. Elles ressemblent à de monstrueux châteaux forts qui auraient des kilomètres de créneaux. Elles sont régulières, carrées, entaillées d'une façon mathématique. La plus haute est plate et paraît inaccessible. Sa forme l'a fait surnommer : « le Billard ». Peu de temps avant mon arrivée, deux officiers avaient pu l'escalader pour la première fois. Ils ont trouvé sur le sommet deux énormes citernes romaines.

## LA KABYLIE — BOUGIE

NOUS voici dans la partie la plus riche et la plus peuplée de l'Algérie. Le pays des Kabyles est montagneux, couvert de forêts et de champs.

En sortant d'Aumale, on descend vers la grande vallée du Sahel.

Là-bas se dresse une immense montagne, le Djurjura. Ses plus hauts pics sont gris comme s'ils étaient couverts de cendres.

Partout, sur les sommets moins élevés, on aperçoit des villages qui, de loin, ont l'air de tas de pierres blanches. D'autres demeurent accrochés sur les pentes. Dans toute cette contrée fertile, la lutte est terrible entre l'Européen et l'indigène pour la possession du sol.

La Kabylie est plus peuplée que le département le plus peuplé de France. Le Kabyle n'est pas nomade, mais sédentaire et travailleur. Or, l'Algérien n'a pas d'autre préoccupation que de le dépouiller.

Voici les différents systèmes employés pour chasser et spolier les misérables propriétaires indigènes.

Un particulier quelconque, quittant la France, va demander au bureau chargé de la répartition des terrains une concession en Algérie. On lui présente un chapeau avec des papiers dedans, et il tire un numéro correspondant à un lot de terre. Ce lot, désormais lui appartient.

Il part. Il trouve là-bas, dans un village indigène, toute une famille installée sur la concession qu'on lui a désignée. Cette famille a défriché, mis en rapport ce bien sur lequel elle vit.

Elle ne possède rien d'autre. L'étranger l'expulse. Elle s'en va, résignée, puisque *c'est la loi française*. Mais ces gens, sans ressources désormais, gagnent le désert et deviennent des révoltés.

D'autres fois, on s'entend. Le colon européen, effrayé par la chaleur et l'aspect du pays, entre en pourparlers avec le Kabyle, qui devient son fermier.

Et l'indigène, restés sur *sa* terre, envoie, bon an mal an, mille, quinze cents ou deux mille francs à l'Européen retourné en France.

Cela équivaut à une concession de bureau de tabac.

Autre méthode.

La Chambre vote un crédit de quarante ou cinquante millions destinés à la colonisation de l'Algérie.

Que va-t-on faire de cet argent ? Sans doute on construira des barrages, on boisera les sommets pour retenir l'eau, on s'efforcera de rendre fertiles les plaines stériles ?

Nullement. On exproprie l'Arabe. Or, en Kabylie, la terre a acquis une valeur considérable. Elle atteint dans les meilleurs endroits *seize cents francs l'hectare* et elle se vend communément huit cents francs. Les Kabyles, propriétaires, vivent tranquilles sur leurs exploitations. Riches, ils ne se révoltent pas ; ils ne demandent qu'à rester en paix.

Qu'arrive-t-il ? on dispose de cinquante millions. La Kabylie est le plus beau pays d'Algérie. Eh bien, on exproprie les Kabyles au profit de colons inconnus.

Mais comment les exproprie-t-on ? On leur paye *quarante francs* l'hectare qui vaut au minimum *huit cents francs*.

Et le chef de famille s'en va sans rien dire (c'est la loi) n'importe où, avec son monde, les hommes désœuvrés, les femmes et les enfants.

Ce peuple n'est point commerçant ni industriel, il n'est que cultivateur.

Donc, la famille vit tant qu'il reste quelque chose de la somme dérisoire qu'on lui a donnée. Puis la misère arrive. Les hommes prennent le fusil et suivent un Bou-Amama quelconque pour prouver une fois de plus que l'Algérie ne peut être gouvernée que par un militaire.

On se dit : « Nous laissons l'indigène dans les parties fertiles tant que nous manquons d'Européens ; puis, quand il en vient, nous exproprions le premier occupant. — Très bien. Mais, quand vous n'aurez plus de parties fertiles, que ferez-vous ? — Nous fertiliserons, parbleu ! — Eh bien, pourquoi ne fertilisez-vous pas tout de suite, puisque vous avez cinquante millions ?

« Comment ! vous voyez des compagnies particulières créer des barrages gigantesques pour donner de l'eau à des régions entières ; vous savez, par les travaux remarquables d'ingénieurs de talent, qu'il suffirait de boiser certains sommets pour gagner à l'agriculture des lieues de pays qui s'étendent au-dessous, et vous ne trouvez pas d'autre moyen que celui d'expulser les Kabyles ! »

Il est juste d'ajouter qu'une fois le Tell franchi, la terre devient nue, aride, presque impossible à cultiver. Seul, l'Arabe, qui se nourrit avec deux poignées de farine par jour et quelques figues, peut subsister dans ces contrées desséchées. L'Européen n'y trouve pas sa vie. Il ne reste donc en réalité que des espaces restreints pour y installer des colons, à moins de... chasser l'indigène. Ce qu'on fait.

En somme, à part les heureux propriétaires de la plaine de la Mitidja, ceux qui ont obtenu des terres en Kabylie par un des procédés que je viens d'indiquer, et, en général, à part tous ceux qui sont installés le long de la mer, dans l'étroite bande de terre que l'Atlas délimite, les colons crient misère. Et l'Algérie ne peut plus recevoir qu'un nombre assez faible d'étrangers. Elle ne les nourrirait pas.

Cette colonie, d'ailleurs, est infiniment difficile à administrer pour des raisons aisées à comprendre.

Grande comme un royaume d'Europe, l'Algérie est formée de régions très diverses, habitées par des populations essentiellement différentes. Voilà ce qu'aucun gouvernement n'a paru comprendre jusqu'ici.

Il faut une connaissance approfondie de chaque contrée pour prétendre la gouverner, car chacune a besoin de lois, de règlements, de dispositions et de précautions totalement opposés. Or, le gouverneur, quel qu'il soit, ignore fatalement et absolument toutes ces questions de détails et de mœurs ; il ne peut donc que s'en rapporter aux administrateurs qui le représentent.

Quels sont ces administrateurs ? Des colons ? Des gens élevés dans le pays, au courant de tous ses besoins ?

Nullement ! Ce sont simplement les petits jeunes gens venus de Paris à la suite du vice-roi.

Voilà donc un de ces jeunes ignorants administrant cinquante ou cent mille hommes. Il fait sottise sur sottise et ruine le pays. C'est naturel.

Il existe des exceptions. Parfois le délégué tout-puissant du gouverneur travaille, cherche à s'instruire et à comprendre. Il lui faudrait dix ans pour se mettre un peu au courant. Au bout de six mois, on le change. On l'envoie, pour des raisons de famille, de convenances personnelles ou autres, de la frontière de Tunis à la frontière du Maroc : et là il se remet aussitôt à administrer avec les mêmes moyens qu'il employait là-bas, confiant dans son commencement d'expérience, appliquant à ces populations essentiellement différentes les mêmes règlements et les mêmes procédés.

Ce n'est donc pas un bon gouverneur qu'il faut avant tout, mais un bon entourage du gouverneur.

On a tenté, pour remédier à ce déplorable état de choses, à ces désastreuses coutumes, de créer une école d'administration, où les principes élémentaires, indispensables pour conduire ce pays, seraient inculqués à toute une classe de jeunes gens. On échoua. L'entourage de M. Albert Grévy fit avorter ce projet. Le favoritisme, encore une fois, eut la victoire.

Le personnel des administrateurs est donc recruté de la plus singulière façon. On y trouve aussi, il est vrai, quelques hommes intelligents et travailleurs. Enfin le gouvernement, à court de candidats capables, fait des avances aux anciens officiers des bureaux arabes. Ceux-là connaissent au moins fort bien les indigènes ; mais il est difficile d'admettre que leur changement de costume ait changé immédiatement leurs principes d'administration ; et il ne faut pas alors les chasser avec fureur quand ils portent l'uniforme, pour les reprendre aussitôt qu'ils ont revêtu la redingote.

Puisque je me suis laissé aller à toucher à ce sujet difficile de l'administration de l'Algérie, je veux dire encore quelques mots d'une question capitale dont la solution devrait être rapide : c'est la question des grands chefs indigènes, qui sont en réalité les seuls administrateurs, les administrateurs tout-puissants de toute la partie de notre colonie comprise entre le Tell et le désert.

Au début de l'occupation française, on a investi, sous le titre d'aghas ou de bach-aghas, les chefs qui offraient le plus de garanties de fidélité, d'une autorité fort étendue sur les tribus de toute une partie du territoire.

Notre action aurait été impuissante ; nous y avons substitué celle des chefs arabes gagnés à notre cause, en nous résignant d'avance aux trahisons possibles ; et elles furent assez fréquentes. La mesure était sage, politique ; elle a donné, en somme, d'excellents résultats. Certains aghas nous ont rendu des services considérables, et, grâce à eux, la vie de plusieurs milliers peut-être de soldats français a été épargnée.

Mais de ce qu'une mesure a été excellente à un moment donné, il ne s'ensuit pas qu'elle demeure parfaite, malgré toutes les modifications que le temps apporte dans un pays en voie de colonisation.

Aujourd'hui, la présence parmi les tribus de ces potentats, seuls respectés, seuls obéis, est une cause de danger permanent pour nous, et un obstacle insurmontable à la civilisation des Arabes. Cependant, le parti militaire semble défendre énergiquement le système des chefs indigènes contre les tendances à les supprimer du parti civil.

Je ne pourrais traiter cette grave question ; mais il suffit d'accomplir l'excursion que j'ai faite dans les tribus pour apercevoir clairement les énormes inconvénients de la situation actuelle. Je veux simplement citer quelques faits.

C'est presque uniquement à l'agha de Saïda qu'est due la longue résistance de Bou-Amama.

Dans le début de l'insurrection, cet agha allait rejoindre la colonne française avec ses goums. Il rencontra en route les Trafis, mandés dans la même intention, et il se joignit à eux.

Mais l'agha de Saïda est chargé de dettes qu'il ne peut payer. Or, l'idée lui vint sans doute, pendant la nuit, de faire une razzia, car, réunissant son goum, il se précipita sur les Trafis. Ceux-ci, battus dans la première attaque, reprirent l'avantage ; et l'agha de Saïda fut contraint de fuir avec ses hommes.

Or, comme l'agha de Saïda est notre allié, notre ami, notre lieutenant, comme il représente l'autorité française, les Trafis se persuadèrent que nous avions la main dans l'affaire, et, au lieu de rejoindre le camp français, ils firent défection et allèrent immédiatement trouver Bou-Amama qu'ils ne quittèrent plus et dont ils constituèrent la principale force.

L'exemple est caractéristique, n'est-ce-pas ? Et l'agha de Saïda est resté notre fidèle ami. Il marche sous nos drapeaux !

On cite, d'un autre côté, un célèbre agha que nos chefs militaires traitent avec la plus grande considération, parce que son influence est considérable, prédominante sur un grand nombre de tribus.

Tantôt il nous aide, tantôt il nous trahit, selon son avantage. Allié ouvertement aux Français, dont il tient son autorité, il favorise secrètement toutes les insurrections. Il est vrai de dire qu'il lâche indifféremment l'un ou l'autre parti sitôt qu'il s'agit de piller.

Après avoir pris une part indéniable à l'assassinat du colonel Beauprêtre, le voici aujourd'hui qui marche avec nous. Mais on le soupçonne fortement d'avoir participé à beaucoup des mécomptes que nous avons subis.

Notre inébranlable allié, l'agha de Frenda, nous a maintes fois prévenus du double jeu de ce potentat. Nous avons fermé l'oreille, parce qu'il rend à l'autorité militaire des services intéressés, quitte à en rendre d'autres à nos ennemis.

Cette situation particulière, la protection ouverte dont nous couvrons ce chef, lui assure l'impunité pour une multitude de forfaits qu'il commet journellement.

Voici ce qui se passe.

Les Arabes, par toute l'Algérie, se volent les uns les autres. Il n'est point de nuit où on ne nous signale vingt chameaux volés à droite, cent moutons à gauche, des bœufs enlevés auprès de Biskra, des chevaux auprès de Djelfa. Les voleurs restent toujours introuvables. Et pourtant il n'est pas un officier de bureau arabe qui ignore où va le bétail volé ! Il va chez cet agha qui sert de recéleur à tous les bandits du désert. Les bêtes enlevées sont mêlées à ses immenses troupeaux ; il en garde une partie pour prix de sa complaisance, et rend les autres au bout d'un certain temps, lorsque le danger de poursuites est passé.

Personne, dans le Sud, n'ignore cette situation.

Mais on a besoin de cet homme, à qui on a laissé prendre une immense influence, augmentée chaque jour par l'aide qu'il donne à tous les maraudeurs ; et on ferme les yeux.

Aussi ce chef est-il incalculablement riche, tandis que

l'agha de Djelfa, par exemple, s'est en partie ruiné à servir les intérêts de la colonisation, en créant des fermes, en défrichant, etc.

Maintenant, en dehors de cet ordre de faits, une foule d'autres inconvénients plus graves encore résultent de la présence dans les tribus de ces potentats indigènes. Pour bien s'en rendre compte, il faut avoir une notion exacte de l'Algérie actuelle.

Le territoire et la population de notre colonie sont divisés d'une façon très nette.

Il y a d'abord les villes du littoral, qui n'ont guère plus de relations avec l'intérieur de l'Algérie que n'en ont les villes de France elles-mêmes avec cette colonie.

Les habitants des villes algériennes de la côte sont essentiellement sédentaires ; ils ne font que ressentir le contre-coup des événements qui se passent dans l'intérieur, mais leur action sur le territoire arabe est nulle absolument.

La seconde zone, le Tell, est en partie occupée par les colons européens. Or, le colon ne voit dans l'Arabe que l'ennemi à qui il faut disputer la terre. Il le hait instinctivement, le poursuit sans cesse et le dépouille quand il peut. L'Arabe le lui rend.

L'hostilité guerroyante des Arabes et des colons empêche donc que ces derniers aient aucune action civilisatrice sur les premiers. Dans cette région, il n'y a encore que demi-mal. L'élément européen tendant sans cesse à éliminer l'élément indigène, il ne faudra pas une période de temps bien longue pour que l'Arabe, ruiné ou dépossédé, se réfugie plus au sud.

Or, il est indispensable que ces voisins vaincus restent toujours tranquilles. Pour cela, il faut que notre autorité s'exerce chez eux à tous les instants, que notre action soit incessante, et surtout que notre influence prédomine.

Que se passe-t-il aujourd'hui ?

Les tribus, égrenées sur un immense espace de pays, ne reçoivent jamais la visite d'Européens. Seuls, les officiers des bureaux font de temps en temps une tournée d'inspection, et se contentent de demander aux caïds ce qui se passe dans la tribu.

Mais le caïd est placé sous l'autorité du chef indigène, l'agha ou le bach'agha. Si ce chef est de grande tente, d'une illustre famille respectée au désert, son influence alors est illimitée. Tous les caïds lui obéissent comme ils auraient fait avant l'occupation française ; et rien de ce qui se passe ne parvient jamais à la connaissance de l'autorité militaire.

La tribu est alors un monde fermé par le respect et la crainte de l'agha qui, continuant les traditions de ses ancêtres, exerce des exactions de toutes sortes sur les Arabes ses sujets. Il est maître, se fait donner ce qui lui plaît, tantôt cent moutons, tantôt deux cents, se comporte enfin comme un petit tyran ; et, comme il tient de nous son autorité, c'est la continuation de l'ancien régime arabe sous le gouvernement français, le vol hiérarchique, etc., sans compter que nous ne sommes rien, et que nous ignorons tout à fait l'état du pays.

C'est uniquement à cette situation que nous devons le peu de soupçons que nous avons toujours des révoltes, jusqu'au moment où elles éclatent.

Donc, la présence des grands chefs indigènes recule indéfiniment l'influence réelle et directe de l'autorité française sur les tribus, qui restent pour nous un monde fermé.

Le remède ? Le voici. Presque tous ces chefs, sauf deux ou trois, ont besoin d'argent. Il faut leur donner dix, vingt, trente mille livres de rente en raison de leur influence et des services qu'ils nous ont rendus jadis, et les contraindre à vivre soit à Alger, soit dans une autre ville du littoral. Certains militaires prétendent qu'une insurrection suivrait cette mesure. Ils ont leurs raisons... connues. D'autres officiers, vivant dans l'intérieur, affirment au contraire que ce serait l'apaisement.

Ce n'est pas tout. Il faudrait remplacer ces hommes par des fonctionnaires civils, vivant constamment dans les tribus et exerçant sur les caïds une autorité directe. De cette façon, la civilisation, peu à peu, pourrait pénétrer dans ces contrées, une fois ce grand obstacle écarté.

Mais les réformes utiles sont longues à venir, en Algérie comme en France.

J'ai eu, en traversant la Kabylie, une preuve de la complète impuissance de notre action même dans les tribus qui vivent au milieu des Européens.

J'allais vers la mer, en suivant la longue vallée qui conduit de Beni-Mansour à Bougie. Devant nous, au loin, un nuage épais et singulier fermait l'horizon. Sur nos têtes le ciel était de ce bleu laiteux, qu'il prend l'été, dans ces chaudes contrées ; mais, là-bas, une nuée brune à reflets jaunes, qui ne semblait être ni un orage, ni un brouillard, ni une de ces épaisses tempêtes de sable qui passent avec la furie d'un ouragan, ensevelissait dans son ombre grise le pays entier. Cette nue opaque, lourde, presque noire à son pied et plus légère dans les hauteurs du ciel, barrait, comme un mur, la large vallée. Puis, on crut tout à coup sentir dans l'air immobile une vague odeur de bois brûlé. Mais quel incendie géant aurait pu produire cette montagne de fumée ?

C'était de la fumée en effet. Toutes les forêts kabyles avaient pris feu.

Bientôt on entra dans ces demi-ténèbres suffocantes. On ne voyait plus rien à cent mètres devant soi. Les chevaux soufflaient fortement. Le soir semblait venu et une brise insensible, une de ces brises lentes qui remuent à peine les feuilles, poussait vers la mer cette nuit flottante.

On attendit deux heures dans un village pour avoir des nouvelles ; puis notre petite voiture se remit en route, alors que la vraie nuit s'était, à son tour, étendue sur la terre.

Une lueur confuse, lointaine encore, éclairait le ciel comme un météore. Elle grandissait, grandissait, se dressait devant l'horizon, plutôt sanglante que brillante. Mais soudain, à un brusque détour de la vallée, je me crus en face d'une ville immense, illuminée. C'était une montagne entière, brûlée déjà, avec toutes les broussailles refroidies, tandis que les troncs des chênes et des oliviers restaient incandescents, charbons énormes, debout par milliers, ne fumant déjà plus, mais pareils à des foules de lumières colossales, alignées ou éparses, figurant des boulevards démesurés, des places, des rues tortueuses, le hasard, l'emmêlement ou l'ordre qu'on remarque quand on voit de loin une cité éclairée dans la nuit.

À mesure qu'on allait, on se rapprochait du grand foyer, et la clarté devenait éclatante. Pendant cette seule journée la flamme avait parcouru vingt kilomètres de bois.

Quand je découvris la ligne embrasée, je demeurai épouvanté et ravi devant le plus terrible et le plus saisissant spectacle que j'aie encore vu. L'incendie, comme un flot, marchait sur une largeur incalculable. Il rasait le pays, avançait sans cesse, et très vite. Les broussailles flambaient, s'éteignaient. Pareils à des torches, les grands arbres brûlaient lentement, agitant de hauts panaches de feu, tandis que la courte flamme des taillis galopait en avant.

Toute la nuit nous avons suivi le monstrueux brasier. Au jour levant nous atteignions la mer.

Enfermé par une ceinture de montagnes bizarres, aux crêtes dentelées, étranges et charmantes, aux flancs boisés, le golfe de Bougie, bleu d'un bleu crémeux et clair cependant, d'une incroyable transparence, s'arrondit sous le ciel d'azur, d'un azur immuable qu'on dirait figé.

Au bout de la côte, à gauche, sur la pente rapide du mont, dans une nappe de verdure, la ville dégringole vers la mer comme un ruisseau de maisons blanches.

Elle donne, quand on y pénètre, l'impression d'une de ces mignonnes et invraisemblables cités d'opéra dont on rêve parfois en des hallucinations de pays invraisemblables.

Elle a des maisons mauresques, des maisons françaises et des ruines partout, de ces ruines qu'on voit au premier plan des décors, en face d'un palais de carton.

En arrivant, debout près de la mer, sur le quai où abordent les transatlantiques, où sont attachés ces bateaux pêcheurs de là-bas, dont la voile a l'air d'une aile, au milieu d'un vrai paysage de féerie, on rencontre un débris si magnifique qu'il ne semble pas naturel. C'est la vieille porte Sarrasine, envahie de lierre.

Et dans les bois montueux autour de la cité, partout des ruines, des pans de murailles romaines, des morceaux de monuments sarrasins, des restes de constructions arabes.

Le jour s'écoula, tranquille et brûlant, puis la nuit vint. Alors on eut tout autour du golfe une vision surprenante. À mesure que les ombres s'épaississaient, une autre lueur que celle du jour envahissait l'horizon. L'incendie, comme une armée assiégeante, enfermait la ville, se resserrait autour d'elle. Des foyers nouveaux, allumés par les Kabyles, apparaissaient coup sur coup, reflétés merveilleusement dans les eaux calmes du vaste bassin qu'entouraient les côtes embrasées. Le feu, tantôt avait l'air d'une guirlande de lanternes vénitiennes, d'un serpent aux anneaux de flammes se tordant et rampant sur les ondulations de la montagne, tantôt il jaillissait comme une éruption de volcan, avec un centre éclatant et un immense panache de fumée rouge, selon qu'il consumait des étendues plantées de taillis ou des bois de haute futaie.

Je demeurai six jours dans ce pays flambant, puis je partis par cette route incomparable qui contourne le golfe et va le long des monts, dominée par des forêts, dominant d'autres forêts et des sables sans fin, des sables d'or que baignent les flots tranquilles de la Méditerranée.

Tantôt l'incendie atteignait le chemin. Il fallait sauter de voiture pour écarter les arbres ardents tombés devant nous ; tantôt nous allions, au galop des quatre chevaux, entre deux vagues de feu, l'une descendant au fond d'un ravin où coulait un gros torrent, l'autre escaladant jusqu'aux sommets, et rongeant la montagne dont elle mettait à nu la peau roussie. Des côtes incendiées, éteintes et refroidies, semblaient couvertes d'un voile noir, d'un voile de deuil.

Parfois nous traversions des contrées encore intactes. Les colons, inquiets, debout sur leurs portes, nous demandaient des nouvelles du feu, comme on s'informait en France, au moment de la guerre allemande, de la marche de l'ennemi.

On apercevait des chacals, des hyènes, des renards, des lièvres, cent animaux différents fuyant devant le fléau, affolés par l'épouvante de la flamme.

Au détour d'un vallon, je vis soudain les cinq fils télégraphiques si chargés d'hirondelles qu'ils ployaient étrangement, formant ainsi, entre chaque poteau, cinq guirlandes d'oiseaux.

Mais le cocher fit claquer son grand fouet. Un nuage de bêtes s'envola, s'éparpilla dans l'air, et les gros fils de fer, soulagés tout à coup, bondirent, se détendant comme la corde d'un arc. Ils palpitèrent longtemps encore, agités de longues vibrations qui se calmaient peu à peu.

Mais bientôt nous pénétrâmes dans les gorges du Chalet-el-Akhra. Laissant la mer à gauche, on entre dans la montagne entr'ouverte. Ce passage est un des plus grandioses qu'on puisse voir. La coupure souvent se rétrécit ; des pics de granit, nus, rougeâtres, bruns ou bleus, se rapprochent, ne laissant à leur pied qu'un mince passage pour l'eau ; et la route n'est plus qu'une étroite corniche taillée dans le roc même, au-dessus du torrent qui roule.

L'aspect de cette gorge aride, sauvage et superbe, change à tout instant. Les deux murailles qui l'enferment s'élèvent parfois à près de deux mille mètres ; et le soleil ne peut pénétrer au fond de ce puits que juste au moment où il passe au-dessus.

À l'entrée, de l'autre côté, on arrive au village de Kerrata. Les habitants, depuis huit jours, regardaient la fumée noire de l'incendie sortir du sombre défilé comme d'une gigantesque cheminée.

Le gouvernement de l'Algérie a prétendu après coup que ce désastre, qu'il aurait pu facilement empêcher avec un peu de prévoyance et d'énergie, ne venait pas des Kabyles. On a dit aussi que les forêts brûlées ne contenaient pas plus de cinquante mille hectares.

Voici d'abord une dépêche du sous-préfet de Philippeville :

> *J'ai été informé de Jemmapes par maire et administrateur que toutes les concessions forestières sont anéanties et que le feu a ravagé tous les douars de la commune mixte. Les villages de Gastu, Aïn-Cherchar, le Djendel ont été menacés.*
>
> *À Philippeville, tous les massifs boisés ont brûlé.*
>
> *Stora, Saint-Antoine, Valée, Damrémont, ont failli devenir la proie des flammes.*
>
> *À El-Arrouch, peu de dégâts en dehors de* cinq cents hectares *brûlés dans les douars des Oulad-Messaoud, Hazabra et El-Ghebir.*
>
> *À Saint-Charles,* six cents hectares *brûlés environ entre l'Oued-Deb et l'Oued-Goudi,* et huit cents hectares *au nord-est et au sud-est. Fourrages et gourbis détruits.*
>
> *À Collo mixte et Attia, le feu a tout ravagé.*
>
> *Les concessions Tessier, Lessps, Levat, Lefebvre, Sider, Bessin, etc., sont détruites en tout ou partie. Plus* quarante mille hectares *de bois domaniaux. Des fermes, des maisons du Zériban ont été dévorées par les flammes. On compte de nombreuses victimes humaines.*
>
> *Ce matin, nous avons enterré trois zouaves morts victimes de leur dévouement près de Valée.*
>
> *Les dégâts sont incalculables et ne peuvent être évalués même approximativement.*
>
> *Le danger a disparu en grande partie par suite de la destruction de tous les bois. Le vent a aussi changé de direction, et je pense qu'on se rendra maître des derniers foyers, notamment dans les propriétés Besson, de Collo, et l'Estaya près Robertville.*
>
> *J'ai envoyé hier cent cinquante hommes de troupes à Collo, en réquisitionnant un transatlantique de passage.*

Ajoutons à cela les incendies des forêts du Zeramma, du Fil-Fila, du Fendeck, etc.

M. Bisern, adjudicataire pour quatorze années des forêts d'El-Milia, a écrit ceci :

*Mon personnel a fait preuve de la plus grande énergie ; il s'est exposé très gravement et par deux fois nous avons pu nous rendre maîtres du feu. C'est en pure perte. Pendant que nous le combattions d'un côté, les Arabes le rallumaient d'un autre, et dans plusieurs endroits différents.*

Voici une lettre d'un propriétaire :

*J'ai l'honneur de vous signaler que, vers le milieu de la nuit de dimanche à lundi, mon fermier Ripeyre, de garde sur ma propriété sise au-dessus du champ de manœuvres, a vu quatre tentatives d'incendie : dans le terrain communal, à quelques centaines de mètres de ma propriété, une autre au-dessus de Damrémont, et la quatrième au-dessus de Valée. Le vent ayant manqué, le feu n'a pu se propager.*

Voici une dépêche de Djidjelli :

*Djidjelli, 23 août, 3 h 16 du soir.*

*Le feu ravage la concession forestière des Beni-Amram, appartenant à M. Carpentier Édouard, de Djidjelli.*

*La nuit dernière, il a été allumé en vingt endroits différents ; un cantonnier, arrivant de la mine de Cavalbo, a vu distinctement tous les foyers.*

*Ce matin, presque sous les yeux du caïd Amar-ben-Habilès, de la tribu des Beni-Foughal, le feu a été mis au canton de Mezrech ; et un quart d'heure après il prenait sur un autre point du même canton, en sens contraire du vent.*

*Eonfin, au même instant, à quatre cents pas du groupe formé par le caïd et une cinquantaine d'Arabes de sa tribu, toujours à l'opposé de la direction du vent, un nouveau foyer d'incendie éclatait.*

*Il est donc de toute évidence que le feu est mis par les populations indigènes, et en exécution d'un mot d'ordre donné.*

J'ajouterai que, ayant moi-même passé six jours au milieu du pays incendié, j'ai vu, de mes yeux vu, en une seule nuit, le feu jaillir simultanément sur huit points différents, au milieu des bois, à dix kilomètres de toute demeure.

Il est certain que si nous exercions une surveillance active dans les tribus, ces désastres, qui se reproduisent tous les quatre ou cinq ans, n'auraient point lieu.

Le gouvernement croit avoir fait ce qu'il faut quand il a renouvelé, à l'approche des grandes chaleurs, les instructions concernant l'établissement des postes-vigies institués par l'article 4 de la loi du 17 juillet 1874. Cet article est ainsi conçu :

« Les populations indigènes, dans les régions forestières, seront, pendant la période du 1er juillet au 1er novembre, astreintes, sous les pénalités édictées à l'article 8, à un service de surveillance, qui sera réglé par le gouverneur général. »

On soupçonne les indigènes de vouloir incendier les forêts... et on les leur confie à garder !

N'est-ce pas d'une naïveté monumentale ?

Cet article sans doute a été ponctuellement exécuté. Chaque indigène était à son poste... Seulement... il a mis le feu.

Un autre article, il est vrai, prescrit une surveillance spéciale exercée par un officier désigné chaque année par le gouverneur général.

Cet article ne reçoit jamais ou presque jamais d'exécution.

Ajoutons que l'Administration forestière, la plus tracassière peut-être des administrations algériennes, fait en général tout ce qu'il faut pour exaspérer les indigènes.

Enfin, pour résumer la question de la colonisation, le gouvernement afin de favoriser l'établissement des Européens, emploie, vis-à-vis des Arabes, des moyens absolument iniques. Comment les colons ne suivraient-ils pas un exemple qui concorde si bien avec leurs intérêts.

Il faut constater cependant que, depuis quelques années, des hommes fort capables, très experts dans toutes les questions de culture, semblent avoir fait entrer la colonie dans une voie sensiblement meilleure. L'Algérie devient productive sous les efforts des derniers venus. La population qui se forme ne travaille plus seulement pour des intérêts personnels, mais aussi pour des intérêts français.

Il est certain que la terre, entre les mains de ces hommes, donnera ce qu'elle n'aurait jamais donné entre les mains des Arabes ; il est certain aussi que la population primitive disparaîtra peu à peu ; il est indubitable que cette disparition sera fort utile à l'Algérie, mais il est révoltant qu'elle ait lieu dans les conditions où elle s'accomplit.

## CONSTANTINE

Du Chabet jusqu'à Sétif on croit traverser un pays en or. Les moissons coupées haut et non fauchées ras comme en France, pilées par les pieds des troupeaux, mêlant leur jaune clair de paille au rouge plus foncé du sol, donnent juste à la terre la teinte chaude et riche des vieilles dorures.

Sétif est l'une des villes les plus laides qu'on puisse voir.

Puis on traverse, jusqu'à Constantine, d'interminables plaines. Les bouquets de verdure, de place en place, les font ressembler à une table de sapin sur laquelle on aurait éparpillé des arbres de Nuremberg.

Et voici Constantine, la cité phénomène, Constantine l'étrange, gardée, comme par un serpent qui se roulerait à ses pieds, par le Roumel, le fantastique Roumel, fleuve de poème qu'on croirait rêvé par Dante, fleuve d'enfer coulant au fond d'un abîme rouge comme si les flammes éternelles l'avaient brûlé. Il fait une île de sa ville, ce fleuve jaloux et surprenant ; il l'entoure d'un gouffre terrible et tortueux, aux rocs éclatants et bizarres, aux murailles droites et dentelées.

La cité, disent les Arabes, a l'air d'un burnous étendu. Ils l'appellent Belad-el-Haoua, la cité de l'air, la cité du ravin, la cité des passions. Elle domine des vallées admirables pleines de ruines romaines, d'aqueducs aux arcades géantes, pleines aussi d'une merveilleuse végétation. Elle est dominée par les hauteurs de Mansoura et de Sidi-Meçid.

Elle apparaît debout sur son roc, gardée par son fleuve, comme une reine. Un vieux dicton la glorifie : « Bénissez, dit-il à ses habitants, la mémoire de vos aïeux qui ont construit votre ville sur un roc. Les corbeaux fientent ordinairement sur les gens, tandis que vous fientez sur les corbeaux. »

Les rues populeuses sont plus agitées que celles d'Alger, grouillantes de vie, traversées sans cesse par les êtres les plus divers, par des Arabes, des Kabyles, des Biskris, des Mzabis, des nègres, des Mauresques voilées, des spahis rouges, des turcos bleus, des kadis graves, des officiers reluisants. Et les marchands poussent devant eux des ânes, ces petits bourricots d'Afrique hauts comme des chiens, des chevaux, des chameaux lents et majestueux.

Salut aux Juives. Elles sont ici d'une beauté superbe, sévère et charmante. Elles passent drapées plutôt qu'habillées, drapées en des étoffes éclatantes, avec une incomparable science des effets, des nuances, de ce qu'il faut pour les rendre belles. Elles vont, les bras nus depuis l'épaule, des bras de statues qu'elles exposent hardiment au soleil ainsi que leur calme visage aux lignes pures et droites. Et le soleil semble impuissant à mordre cette chair polie.

Mais la gaieté de Constantine, c'est le peuple mignon des petites filles, des toutes petites. Attifées comme pour une fête costumée, vêtues de robes traînantes de soie bleue ou rouge, portant sur la tête de longs voiles d'or ou d'argent, les sourcils peints, allongés comme un arc au-dessus des deux yeux, les ongles teints, les joues et le front parfois tatoués d'une étoile, le regard hardi et déjà provoquant, attentives aux admirations, elles trottinent, donnant la main à quelque grand Arabe, leur serviteur.

On dirait quelque nation de conte de fées, une nation de petites femmes galantes ; car elles ont l'air femme, ces fillettes, femmes par leur toilette, par leur coquetterie éveillée déjà, par les apprêts de leur visage. Elles appellent de l'œil, comme les grandes ; elles sont charmantes, inquiétantes, et irritantes comme des monstres adorables. On dirait un pensionnat de courtisanes de dix ans, de la graine d'amour qui vient d'éclore.

Mais nous voici devant le palais d'Hadji-Ahmed, un des plus complets échantillons de l'architecture arabe, dit-on. Tous les voyageurs l'ont célébré, l'ont comparé aux habitations des *Mille et Une Nuits*.

Il n'aurait rien de remarquable si les jardins intérieurs ne lui donnaient un caractère oriental fort joli. Il faudrait un volume pour raconter les férocités, les dilapidations, toutes les infamies de celui qui l'a construit avec les matériaux précieux enlevés, arrachés aux riches demeures de la ville et des environs.

Le quartier arabe de Constantine tient une moitié de la cité. Les rues en pente, plus emmêlées, plus étroites encore que celles d'Alger, vont jusqu'au bord du gouffre, où coule l'oued Roumel.

Huit ponts jadis traversaient ce précipice. Six de ces ponts sont en ruines aujourd'hui. Un seul, d'origine romaine, nous donne encore une idée de ce qu'il fut. Le Roumel, de place en place, disparaît sous des arches colossales qu'il a creusées lui-même. Sur l'une d'elles, fut bâti le pont. La voûte naturelle où passe le fleuve est élevée de quarante et un mètres, son épaisseur est de dix-huit mètres ; les fondations de la construction romaine sont donc à *cinquante-neuf* mètres au-dessus de l'eau ; et le pont avait lui-même deux étages, deux rangées d'arches superposées sur l'arche géante de la nature.

Aujourd'hui, un pont en fer, d'une seule arche, donne entrée dans Constantine.

Mais il faut partir, et gagner Bône, jolie ville blanche qui rappelle celles des côtes de France sur la Méditerranée.

Le *Kléber* chauffe le long du quai. Il est six heures. Le soleil s'enfonce, là-bas, derrière le désert, quand le paquebot se met en marche.

Et je reste jusqu'à la nuit sur le pont, les yeux tournés vers la terre qui disparaît dans un nuage empourpré, dans l'apothéose du couchant, dans une cendre d'or rose semée sur le grand manteau d'azur du ciel tranquille.

[illegible]

[illegible]

[illegible]

[illegible]

[illegible]

[illegible]

# LA VIE ERRANTE

# D'ALGER À TUNIS

Sur les quais d'Alger, dans les rues des villages indigènes, dans les plaines du Tell, sur les montagnes du Sahel ou dans les sables du Sahara, tous ces corps drapés comme en des robes de moines, la tête encapuchonnée sous le turban flottant par derrière, ces traits sévères, ces regards fixes, ont l'air d'appartenir à des religieux d'un même ordre austère, répandus sur la moitié du globe.

Leur démarche même est celle de prêtres ; leurs gestes, ceux d'apôtres prêcheurs ; leur attitude, celle de mystiques pleins de mépris du monde.

Nous sommes, en effet, chez des hommes où l'idée religieuse domine tout, efface tout, règle les actions, étreint les consciences, moule les cœurs, gouverne la pensée, prime tous les intérêts, toutes les préoccupations, toutes les agitations.

La religion est la grande inspiratrice de leurs actes, de leur âme, de leurs qualités et de leurs défauts. C'est par elle, pour elle qu'ils sont bons, braves, attendris, fidèles, car ils semblent n'être rien par eux-mêmes, n'avoir aucune qualité qui ne leur soit inspirée ou commandée par leur foi. Nous ne découvrons guère la nature spontanée ou primitive de l'Arabe sans qu'elle ait été pour ainsi dire, recréée par sa croyance, par le Coran, par l'enseignement de Mohammed. Jamais aucune autre religion ne s'est incarnée ainsi en des êtres.

Allons donc les voir prier dans leur mosquée, dans la mosquée blanche qu'on aperçoit là-bas, au bout du quai d'Alger.

Dans la première cour, sous une arcade de colonnettes vertes, bleues et rouges, des hommes, assis ou accroupis, causent à voix basse, avec la tranquillité grave des Orientaux. En face de l'entrée, au fond d'une petite pièce carrée, qui ressemble à une chapelle, le cadi rend la justice. Des plaignants attendent sur des bancs ; un Arabe agenouillé parle, tandis que le magistrat, enveloppé, presque disparu sous tous les plis de ses vêtements et sous la masse de son lourd turban, ne montre qu'un peu de visage et regarde le plaideur d'un œil dur et calme, en l'écoutant. Un mur, où s'ouvre une fenêtre grillée, sépare cette pièce de celles où les femmes, créatures moins nobles que l'homme, et qui ne peuvent se tenir en face du cadi, attendent leur tour pour exposer leur plainte par ce guichet de confessionnal.

Le soleil qui tombe en flots de feu sur les murs de neige de ces petits bâtiments pareils à des tombeaux de marabouts, et sur la cour, où une vieille Arabe jette des poissons morts à une armée de chats tigrés, rejaillit à l'intérieur sur les burnous, les jambes sèches et brunes, et les figures impassibles. Plus loin, voici l'école, à côté de la fontaine où l'eau coule sous un arbre. Tout est là, dans cette douce et paisible enceinte, la religion, la justice, l'instruction.

J'entre dans la mosquée après m'être déchaussé et je m'avance sur les tapis au milieu des colonnes claires dont les lignes régulières emplissent ce temple silencieux, vaste et bas, d'une foule de larges piliers. Car ils sont très larges, avant une face orientée vers la Mecque afin que chaque croyant puisse, en se plaçant devant, ne rien voir, n'être distrait par rien, et, tourné vers la ville sainte, s'absorber dans la prière.

En voici qui se prosternent ; d'autres, debout, murmurent les formules du Coran dans les postures prescrites ; d'autres, encore, libres de ces devoirs accomplis, causent assis par terre, le long des murs, car la mosquée n'est pas seulement un lieu de prière, c'est aussi un lieu de repos, où l'on séjourne, où l'on vit des jours entiers.

Tout est simple, tout est nu, tout est blanc, tout est doux, tout est paisible en ces asiles de foi, si différents de nos églises décoratives, agitées, quand elles sont pleines, par le bruit des offices, le mouvement des assistants, la pompe des cérémonies, les chants sacrés, et, quand elles sont vides, devenues si tristes, si douloureuses, qu'elles serrent le cœur, qu'elles ont l'air d'une chambre de mourant, de la froide chambre de pierre où le Crucifié agonise encore.

Sans cesse, des Arabes entrent, des humbles, des riches, le portefaix du port et l'ancien chef, le noble sous la blancheur soyeuse de son burnous éclatant. Tous, pieds nus, font les mêmes gestes, prient le même Dieu avec la même foi exaltée et simple, sans pose et sans distraction. Ils se tiennent d'abord debout, la face levée, les mains ouvertes à la hauteur des épaules, dans l'attitude de la supplication. Puis les bras tombent le long du corps, la tête s'incline ; ils sont devant le souverain du monde dans l'attitude de la résignation. Les mains ensuite s'unissent sur le ventre, comme si elles étaient liées. Ce sont des captifs sous la volonté du maître. Enfin ils se prosternent plusieurs fois de suite, très vite, sans aucun bruit. Après s'être assis d'abord sur leurs talons, les mains ouvertes sur les cuisses, ils se penchent en avant jusqu'à toucher le sol avec le front.

Cette prière, toujours la même, et qui commence par la récitation des premiers versets du Coran, doit être répétée cinq fois par jour par les fidèles, qui, avant d'entrer, se sont lavé les pieds, les mains et la face.

On n'entend, par le temple muet, que le clapotement de l'eau coulant dans une autre cour intérieure, qui donne du jour à la mosquée. L'ombre du figuier, poussé au-dessus de la fontaine aux ablutions, jette un reflet vert sur les premières nattes.

Les femmes musulmanes peuvent entrer comme les hommes, mais elles ne viennent presque jamais. Dieu est trop loin, trop haut, trop imposant pour elles. On n'oserait pas lui raconter tous les soucis, lui confier toutes les peines, lui demander tous les menus services, les menues consolations, les menus secours contre la famille, contre le mari, contre les enfants, dont ont besoin les cœurs de femme. Il faut un intermédiaire plus humble entre lui si grand et elles si petites.

Cet intermédiaire, c'est le marabout. Dans la religion catholique, n'avons-nous pas les saints et la Vierge Marie, avocats naturels des timides auprès de Dieu ?

C'est donc au tombeau du saint, dans la petite chapelle où il est enseveli, que nous trouverons la femme arabe en prière.

Allons l'y voir.

La zaouia Abd-er-Rahman-el-Tcalbi est la plus originale

et la plus intéressante d'Alger. On nomme « zaouia » une petite mosquée unie à une « koubba » (tombeau d'un marabout), et comprenant aussi parfois une école et un cours de haut enseignement pour les musulmans lettrés.

Pour atteindre la zaouia d'Abd-er-Rahman, il faut traverser la ville arabe. C'est une montée inimaginable à travers un labyrinthe de ruelles, emmêlées, tortueuses, entre les murs sans fenêtres des maisons mauresques. Elles se touchent presque à leur sommet, et le ciel, aperçu entre les terrasses, semble une arabesque bleue d'une irrégulière et bizarre fantaisie. Quelquefois, un long couloir sinueux et voûté, escarpé comme un sentier de montagne, paraît conduire directement dans l'azur dont on aperçoit soudain, au détour d'un mur, au bout des marches, là-haut, la tache éclatante, pleine de lumière.

Tout le long de ces étroits corridors sont accroupis, au pied des maisons, des Arabes qui sommeillent en leurs loques ; d'autres, entassés dans les cafés maures, sur des banquettes circulaires ou par terre, toujours immobiles, boivent en de petites tasses de faïence qu'ils tiennent gravement entre leurs doigts. En ces rues étroites qu'il faut escalader, le soleil, tombant par surprises, par filets ou par grandes plaques à chaque cassure des voies entrecroisées, jette sur les murs des dessins inattendus, d'une clarté aveuglante et vernie. On aperçoit, par les portes entr'ouvertes, les cours intérieures qui soufflent de l'air frais. C'est toujours le même puits carré qu'enferme une colonnade supportant des galeries. Un bruit de musique douce et sauvage s'échappe parfois de ces demeures, dont on voit sortir aussi souvent, deux par deux, des femmes. Elles vous jettent entre les voiles qui leur couvrent la face, un regard noir et triste, un regard de prisonnières, et passent.

Coiffées toutes comme on nous représente la Vierge Marie, d'une étoffe serrée sur le crâne, le torse enveloppé du haïk, les jambes cachées sous l'ample pantalon de toile ou de calicot, qui vient étreindre la cheville, elles marchent lentement, un peu gauches, hésitantes ; et on cherche à deviner leur figure sous le voile qui la dessine un peu en se collant sur les saillies. Les deux arcs bleuâtres des sourcils, joints par un trait d'antimoine, se prolongent, au loin, sur les tempes.

Soudain des voix m'appellent. Je me retourne, et par une

porte ouverte j'aperçois, sur les murs, de grandes peintures inconvenantes comme on en retrouve à Pompéi. La liberté des mœurs, l'épanouissement, en pleine rue, d'une prostitution innombrable, joyeuse, naïvement hardie, révèlent tout de suite la différence profonde qui existe entre la pudeur européenne et l'inconscience orientale.

N'oublions pas qu'on a interdit dans ces mêmes rues, depuis peu d'années seulement, les représentations de Caragousse, sorte de Guignol obscène et monstrueux, dont les enfants regardaient de leurs grands yeux noirs, ignorants et corrompus, en riant et en applaudissant, les invraisemblables, ignobles et inénarrables exploits.

Par tout le haut de la ville arabe, entre les merceries, les épiceries et les fruiteries des incorruptibles Mozabites, puritains mahométans que souille le seul contact des autres hommes, et qui subiront, en rentrant dans leur patrie, une longue purification, s'ouvrent tout grands des débits de chair humaine, où l'on est appelé dans toutes les langues. Le Mozabite, accroupi dans sa petite boutique, au milieu de ses marchandises bien rangées autour de lui, semble ne pas voir, ne pas savoir, ne pas comprendre.

À sa droite, les femmes espagnoles roucoulent comme des tourterelles ; à sa gauche, les femmes arabes miaulent comme des chattes. Il a l'air, au milieu d'elles, entre les nudités impudiques peintes pour achalander les deux bouges, d'un fakir, vendeur de fruits, hypnotisé dans un rêve.

Je tourne à droite par un tout petit passage qui semble tomber dans la mer, étalée au loin, derrière la pointe de Saint-Eugène, et j'aperçois, au bout de ce tunnel, à quelques mètres sous moi, un bijou de mosquée, ou plutôt une toute mignonne zaouia qui s'égrène par petits bâtiments et par petits tombeaux carrés, ronds et pointus, le long d'un escalier allant en zigzags de terrasse en terrasse.

L'entrée en est masquée par un mur qu'on dirait bâti en neige argentée, encadré de carrelages en faïence verte, et percé d'ouvertures régulières par où l'on voit la rade d'Alger.

J'entre. Des mendiants, des vieillards, des enfants, des femmes, sont accroupis, sur chaque marche, la main tendue, et demandent l'aumône en arabe. À droite, dans une petite construction couronnée aussi de faïences, est une première sépulture, et l'on aperçoit, par la porte ouverte, des fidèles, assis devant le tombeau. Plus bas s'arrondit le dôme éclatant de la koubba du marabout Abd-er-Rahman, à côté du minaret mince et carré d'où l'on appelle à la prière.

Voici, tout le long de la descente, d'autres tombes plus humbles, puis celle du célèbre Ahmed, bey de Constantine, qui fit dévorer par des chiens le ventre des prisonniers français.

De la dernière terrasse à l'entrée du marabout, la vue est délicieuse. Notre-Dame d'Afrique, au loin, domine Saint-Eugène et toute la mer, qui s'en va jusqu'à l'horizon, où elle se mêle au ciel. Puis, plus près, à droite, c'est la ville arabe, montant, de toit en toit, jusqu'à la zaouia et étageant encore, au-dessus, ses petites maisons de craie. Autour de moi, des tombes, un cyprès, un figuier, et des ornements mauresques encadrant et crénelant tous les murs sacrés.

Après m'être déchaussé, je pénètre dans la koubba. D'abord, dans une pièce étroite, un savant musulman, assis sur ses talons, lit un manuscrit qu'il tient de ses deux mains, à la hauteur des yeux. Des livres, des parchemins sont étalés autour de lui sur les nattes. Il ne tourne pas la tête.

Plus loin, j'entends un frémissement, un chuchotement. À mon approche, toutes les femmes accroupies autour du tombeau se couvrent la figure avec vivacité. Elles ont l'air de gros flocons de linge blanc où brillent des yeux. Au milieu d'elles, dans cette écume de flanelle, de soie, de laine et de toile, des enfants dorment ou s'agitent, vêtus de rouge, de bleu, de vert : c'est charmant et naïf. Elles sont chez elles, chez leur saint, dont elles ont paré la demeure, car Dieu est trop loin pour leur esprit borné, trop grand pour leur humilité.

Elles ne se tournent pas vers la Mecque, elles, mais vers le corps du marabout, et elles se mettent sous sa protection directe, qui est encore, qui est toujours la protection de l'homme. Leurs yeux de femmes, leurs yeux doux et tristes, soulignés par deux bandeaux blancs, ne savent pas voir l'immatériel, ne connaissant que la créature. C'est le mâle qui, vivant, les nourrit, les défend, les soutient ; c'est encore le mâle qui parlera d'elles à Dieu, après sa mort. Elles sont là tout près de la tombe parée et peinturlurée, un peu semblable à un lit breton mis en couleur et couvert d'étoffes, de soieries, de drapeaux, de cadeaux apportés.

Elles chuchotent, elles causent entre elles, et racontent au marabout leurs affaires, leurs soucis, leurs disputes, les griefs contre le mari. C'est une réunion intime et familière de bavardages autour d'une relique.

Toute la chapelle est pleine de leurs dons bizarres : de pendules de toutes grandeurs qui marchent, battent les secondes et sonnent les heures, de bannières votives, de lustres de toutes sortes, en cuivre et en cristal. Ces lustres sont si nombreux qu'on ne voit plus le plafond. Ils pendent côte à côte, de tailles différentes comme dans la boutique d'un lampiste. Les murs sont décorés de faïences élégantes d'un dessin charmant, dont les couleurs dominantes sont toujours le vert et le rouge. Le sol est couvert de tapis, et le jour tombe de la coupole par des groupes de trois fenêtres cintrées, dont une domine les deux autres.

Ce n'est plus la mosquée sévère, nue, où Dieu est seul ; c'est un boudoir, orné pour la prière par le goût enfantin de femmes sauvages. Souvent des galants viennent les voir en ce lieu, leur donner un rendez-vous, leur dire quelques mots en secret. Des Européens, qui parlent l'arabe, nouent ici, parfois, des relations avec ces créatures enveloppées et lentes dont on ne voit que le regard.

Lorsque la confrérie masculine du marabout vient à son tour faire ses dévotions, elle n'a point pour le saint habitant du lieu les mêmes attentions exclusives. Après avoir témoigné leur respect au sépulcre, les hommes se tournent vers la Mecque et adorent Dieu, — car il n'y a de divinité que Dieu — comme ils répètent en toutes leurs prières.

# TUNIS

Le chemin de fer, avant d'arriver à Tunis, traverse un superbe pays de montagnes boisées. Après s'être élevé, en dessinant des lacets démesurés, jusqu'à une altitude de sept cent quatre-vingts mètres, d'où on domine un immense et magnifique paysage, il pénètre dans la Tunisie par la Kroumirie.

C'est alors une suite de monts et de vallées désertes, où jadis s'élevaient des villes romaines. Voici d'abord les restes de Thagaste où naquit saint Augustin, dont le père était décurion.

Plus loin c'est Thubursicum Numidarum, dont les ruines couvrent une suite de collines rondes et verdoyantes. Plus loin encore, c'est Madaure, où naquit Apulée à la fin du règne de Trajan. On ne pourrait guère énumérer les cités mortes, près desquelles on va passer jusqu'à Tunis.

Tout à coup, après de longues heures de route, on aperçoit dans la plaine basse les hautes arches d'un aqueduc à moitié détruit, coupé par places, et qui allait, jadis, d'une montagne à l'autre. C'est l'aqueduc de Carthage dont parle Flaubert dans *Salammbô*. Puis, on côtoie un beau village, on suit un lac éblouissant, et on découvre les murs de Tunis.

Nous voici dans la ville.

Pour en bien découvrir l'ensemble, il faut monter sur une colline voisine. Les Arabes comparent Tunis à un burnous étendu ; et cette comparaison est juste. La ville s'étale dans la plaine, soulevée légèrement par les ondulations de la terre, qui font saillir par places les bords de cette grande tache de maisons pâles d'où surgissent les dômes des mosquées et les clochers des minarets. À peine distingue-t-on, à peine imagine-t-on que ce sont là des maisons, tant cette tache blanche est compacte, continue et rampante. Autour d'elle, trois lacs qui, sous le dur soleil d'Orient, brillent comme des plaines d'acier. Au nord, au loin, la Sebkra-er-Bouan ; à l'ouest, la Sebkra-Seldjoum, aperçue par-dessus la ville ; au sud, le grand lac Bahira ou lac de Tunis ; puis, en remontant vers le nord, la mer, le golfe profond, pareil lui-même à un lac dans son cadre éloigné de montagnes.

Et puis partout autour de cette ville plate, des marécages fangeux où fermentent des ordures, une inimaginable ceinture de cloaques en putréfaction, des champs nus et bas où l'on voit briller, comme des couleuvres, de minces cours d'eau tortueux. Ce sont les égouts de Tunis qui s'écoulent sous le ciel bleu. Ils vont sans arrêt, empoisonnant l'air, traînant leur flot lent et nauséabond, à travers des terres imprégnées de pourritures, vers le lac qu'ils ont fini par emplir, par combler sur toute son étendue, car la sonde y descend dans la fange jusqu'à dix-huit mètres de profondeur : on doit entretenir un chenal à travers cette boue afin que les petits bateaux y puissent passer.

Mais, par un jour de plein soleil, la vue de cette ville couchée entre ces lacs, dans ce grand pays que ferment au loin des montagnes dont la plus haute, le Zagh'ouan, apparaît presque toujours coiffée d'une nuée en hiver, est la plus saisissante et la plus attachante, peut-être, qu'on puisse trouver sur le bord du continent africain.

Descendons de notre colline et pénétrons dans la cité. Elle a trois parties bien distinctes : la partie française, la partie arabe, et la partie juive.

En vérité, Tunis n'est ni une ville française, ni une ville arabe, c'est une ville juive. C'est un des rares points du monde où le Juif semble chez lui comme dans une patrie, où il est le maître presque ostensiblement, où il montre une assurance tranquille, bien qu'un peu tremblante encore.

C'est lui surtout qui est intéressant à voir, à observer dans ce labyrinthe de ruelles étroites où circule, s'agite, pullule la population la plus colorée, bigarrée, drapée, pavoisée, miroitante, soyeuse et décorative, de tout ce rivage oriental.

Où sommes-nous ? Sur une terre arabe ou dans la capitale

éblouissante d'Arlequin, d'un Arlequin très artiste, ami des peintres, coloriste inimitable qui s'est amusé à costumer son peuple avec une fantaisie étourdissante. Il a dû passer par Londres, par Paris, par Saint-Pétersbourg, ce costumier divin qui, revenu plein de dédain des pays du Nord, bariola ses sujets avec un goût sans défaillances et une imagination sans limites. Non seulement il voulut donner à leurs vêtements des formes gracieuses, originales et gaies, mais il employa, pour les nuancer, toutes les teintes créées, composées, rêvées par les plus délicats aquarellistes.

Aux Juifs seuls il toléra les tons violents, mais en leur interdisant les rencontres trop brutales et en réglant l'éclat de leurs costumes avec une hardiesse prudente. Quant aux Maures, ses préférés, tranquilles marchands accroupis dans les souks, jeunes gens alertes ou gros bourgeois allant à pas lents par les petites rues, il s'amusa à les vêtir avec une telle variété de coloris, que l'œil, à les voir, se grise comme une grive avec des raisins. Oh ! pour ceux-là, pour ses bons Orientaux, ses Levantins métis de Turcs et d'Arabes, il a fait une collection de nuances si fines, si douces, si calmées, si tendres, si pâlies, si agonisantes et si harmonieuses, qu'une promenade au milieu d'elles est une longue caresse pour le regard.

Voici des burnous de cachemire ondoyants comme des flots de clarté, puis des haillons superbes de misère, à côté des gebbas de soie, longues tuniques tombant aux genoux, et de tendres gilets appliqués au corps sous les vestes à petits boutons égrenés le long des bords.

Et ces gebbas, ces vestes, ces gilets, ces haïks croisent, mêlent et superposent les plus fines colorations. Tout cela est rose, azuré, mauve, vert d'eau, bleu pervenche, feuille morte, chair de saumon, orangé, lilas fané, lie de vin, gris ardoise.

C'est un défilé de féerie, depuis les teintes les plus évanouies jusqu'aux accents les plus ardents, ceux-ci noyés dans un tel courant de notes discrètes, que rien n'est dur, rien n'est criard, rien n'est violent le long des rues, ces couloirs de lumière, qui tournent sans fin, serrés entre les maisons basses, peintes à la chaux.

À tout instant, ces étroits passages sont obstrués presque entièrement par des créatures obèses, dont les flancs et les épaules semblent toucher les deux murs à chaque balancement de leur marche. Sur leur tête se dresse une coiffe pointue, souvent argentée ou dorée, sorte de bonnet de magicienne d'où tombe, par derrière, une écharpe. Sur leur corps monstrueux, masse de chair houleuse et ballonnée, flottent des blouses de couleurs vives. Leurs cuisses sont emprisonnées en des caleçons blancs collés à la peau. Leurs mollets et leurs chevilles empâtées par la graisse gonflent des bas, ou bien, quand elles sont en toilette, des espèces de gaines en drap d'or et d'argent. Elles vont, à petits pas pesants, sur des escarpins qui traînent; car elles ne sont chaussées qu'à la moitié du pied; et les talons frôlent et battent le pavé. Ces créatures étranges et bouffies, ce sont les Juives, les belles Juives!

Dès qu'approche l'âge du mariage, l'âge où les hommes riches les recherchent, les fillettes d'Israël rêvent d'engraisser; car plus une femme est lourde, plus elle fait honneur à un mari et plus elle a de chances de le choisir à son gré. À quatorze ans, à quinze ans, elles sont, ces gamines sveltes et légères, des merveilles de beauté, de finesse et de grâce.

Leur teint pâle, un peu maladif, d'une délicatesse lumineuse, leurs traits fins, ces traits si doux d'une race ancienne et fatiguée, dont le sang jamais ne fut rajeuni, leurs yeux sombres sous les fronts clairs, qu'écrase la masse noire, épaisse, pesante, des cheveux ébouriffés, et leur allure souple quand elles courent d'une porte à l'autre, emplissent le quartier juif de Tunis d'une longue vision de petites Salomés troublantes.

Puis elles songent à l'époux. Alors commence l'inconcevable gavage qui fera d'elles des monstres. Immobiles maintenant, après avoir pris chaque matin la boulette d'herbes apéritives qui surexcitent l'estomac, elles passent les journées entières à manger des pâtes épaisses qui les enflent incroyablement. Les seins se gonflent, les ventres ballonnent, les croupes s'arrondissent, les cuisses s'écartent, séparées par la bouffissure; les poignets et les chevilles disparaissent sous une lourde coulée de chair. Et les amateurs accourent, les jugent, les comparent, les admirent comme dans un concours d'animaux gras. Voilà comme elles sont belles, désirables, charmantes, les énormes filles à marier!

Alors on voit passer ces êtres prodigieux, coiffés d'un cône aigu nommé *koufia*, qui laisse pendre sur le dos le *bechbir*, vêtus de la *camiza* flottante, en toile simple ou en soie éclatante, culottés de maillots tantôt blancs, tantôt richement ouvragés, et chaussés de savates traînantes, dites « saba » ; êtres inexprimablement surprenants, dont la figure demeure encore souvent jolie sur ces corps d'hippopotames.

Dans leurs maisons, facilement ouvertes, on les trouve, le samedi, jour sacré, jour de visites et d'apparat, recevant leurs amies dans les chambres blanches, où elles sont assises, les unes près des autres, comme des idoles symboliques, couvertes de soieries et d'oripeaux luisants, déesses de chair et de métal, qui ont des guêtres d'or aux jambes et, sur la tête, une corne d'or !

La fortune de Tunis est dans leurs mains, ou plutôt dans les mains de leurs époux toujours souriants, accueillants, et prêts à offrir leurs services. Dans bien peu d'années, sans doute, devenues des dames européennes, elles s'habilleront à la française et, pour obéir à la mode, jeûneront, afin de maigrir. Ce sera tant mieux pour elles et tant pis pour nous, les spectateurs.

Dans la ville arabe, la partie la plus intéressante est le quartier des souks, longues rues voûtées ou toiturées de planches, à travers lesquelles le soleil glisse des lames de feu, qui semblent couper au passage les promeneurs et les marchands. Ce sont les bazars, galeries tortueuses et entrecroisées où les vendeurs, par corporations, assis ou accroupis au milieu de leurs marchandises en de petites boutiques couvertes, appellent avec énergie le client ou demeurent immobiles dans ces niches de tapis, d'étoffes de toutes couleurs, de cuirs, de brides, de selles, de harnais brodés d'or, ou dans les chapelets jaunes et rouges des babouches.

Chaque corporation a sa rue, et l'on voit, tout le long de la galerie, séparés par une simple cloison, tous les ouvriers du même métier travailler avec les mêmes gestes. L'animation, la couleur, la gaieté de ces marchés orientaux ne sont point possibles à décrire, car il faudrait en exprimer en même temps l'éblouissement, le bruit et le mouvement.

Un de ces souks a un caractère si bizarre, que le souvenir en reste extravagant et persistant comme celui d'un songe. C'est le souk des parfums.

En d'étroites cases pareilles, si étroites qu'elles font penser aux cellules d'une ruche, alignées d'un bout à l'autre et sur les deux côtés d'une galerie un peu sombre, des hommes au teint transparent, presque tous jeunes, couverts de vêtements clairs, et assis comme des bouddhas, gardent une rigidité saisissante dans un cadre de longs cierges suspendus, formant autour de leur tête et de leurs épaules un dessin mystique et régulier.

Les cierges d'en haut, plus courts, s'arrondissent sur le turban ; d'autres, plus longs, viennent aux épaules ; les grands tombent le long des bras. Et, cependant, la forme symétrique de cette étrange décoration varie un peu de boutique en boutique. Les vendeurs, pâles, sans gestes, sans paroles, semblent eux-mêmes des hommes de cire en une chapelle de cire. Autour de leurs genoux, de leurs pieds, à la portée des mains si un acheteur se présente, tous les parfums imaginables sont enfermés en de toutes petites boîtes, en de toutes petites fioles, en de tous petits sacs.

Une odeur d'encens et d'aromates flotte, un peu étourdissante, d'un bout à l'autre du souk.

Quelques-uns de ces extraits sont vendus très cher, par gouttes. Pour les compter, l'homme se sert d'un petit coton qu'il tire de son oreille et y replace ensuite.

Quand le soir vient, tout le quartier des souks est clos par de lourdes portes à l'entrée des galeries, comme une ville précieuse enfermée dans l'autre.

Lorsqu'on se promène au contraire par les rues neuves qui vont aboutir, dans le marais, à quelque courant d'égout, on entend soudain une sorte de chant bizarre rythmé par des bruits sourds comme des coups de canon lointains, qui s'interrompent quelques instants pour recommencer aussitôt. On regarde autour de soi et on découvre, au ras de terre, une dizaine de têtes de nègres, enveloppées de foulards, de mouchoirs, de turbans, de loques. Ces bêtes chantent un refrain arabe, tandis que les mains, armées de dames pour tasser le sol, tapent en cadence, au fond d'une tranchée, sur les cailloux et le mortier qui feront des fondations solides à quelque nouvelle maison bâtie dans ce sol huileux de fanges.

Sur le bord du trou, un vieux nègre, chef d'escouade de ces pileurs de pierres, bat la mesure, avec un rire de singe ; et tous les autres aussi rient en continuant leur bizarre chanson que scandent des coups énergiques. Ils tapent avec ardeur et rient avec malice devant les passants qui s'arrêtent ; et les passants aussi s'égayent, les Arabes parce qu'ils comprennent, les autres parce que le spectacle est drôle; mais personne assurément ne s'amuse autant que les nègres, car le vieux crie :

— Allons ! frappons !

Et tous reprennent en montrant leurs dents et en donnant trois coups de pilon :

— Sur la tête du chien de roumi !

Le nègre clame en mimant le geste d'écraser :

— Allons ! frappons !

Et tous :

— Sur la tête du chien de youte !

Et c'est ainsi que s'élève la ville européenne dans le quartier neuf de Tunis !

Ce quartier neuf ! Quand on songe qu'il est entièrement construit sur des vases peu à peu solidifiées, construit sur une matière innommable, faite de toutes les matières immondes que rejette une ville, on se demande comment la population n'est pas décimée par toutes les maladies imaginables, toutes les fièvres, toutes les épidémies. Et, en regardant le lac, que les mêmes écoulements urbains envahissent et comblent peu à peu, le lac, dépotoir nauséabond, dont les émanations sont telles que, par les nuits chaudes, on a le cœur soulevé de dégoût, on ne comprend même pas que la ville ancienne, accroupie près de ce cloaque, subsiste encore.

On songe aux fiévreux aperçus dans certains villages de Sicile, de Corse ou d'Italie, à la population difforme, monstrueuse, ventrue et tremblante, empoisonnée par des ruisseaux clairs et de beaux étangs limpides, et on demeure convaincu que Tunis doit être un foyer d'infections pestilentielles.

Eh bien, non ! Tunis est une ville saine, très saine ! L'air infect qu'on y respire est vivifiant et calmant, le plus apaisant, le plus doux aux nerfs surexcités que j'aie jamais respiré. Après le département des Landes, le plus sain de France, Tunis est l'endroit où sévissent le moins toutes les maladies ordinaires de nos pays.

Cela paraît invraisemblable, mais cela est. Ô médecins modernes, oracles grotesques, professeurs d'hygiène, qui envoyez vos malades respirer l'air pur des sommets ou l'air vivifié par la verdure des grands bois, venez voir ces fumiers qui baignent Tunis ; regardez ensuite cette terre que pas un arbre n'abrite et ne rafraîchit de son ombre ; demeurez un an dans ce pays, plaine basse et torride sous le soleil d'été, marécage immense sous les pluies d'hiver, puis entrez dans les hôpitaux. Ils sont vides !

Questionnez les statistiques, vous apprendrez qu'on y meurt de ce qu'on appelle, peut-être à tort, sa belle mort beaucoup plus souvent que de vos maladies. Alors vous vous demanderez peut-être si ce n'est pas la science moderne qui nous empoisonne avec ses progrès ; si les égouts dans nos caves et les fosses voisinant avec notre vin et notre eau ne sont pas des distillateurs de mort à domicile, des foyers et des propagateurs d'épidémies plus actifs que les ruisselets d'immondices qui se promènent en plein soleil autour de Tunis ; vous reconnaîtrez que l'air pur des montagnes est moins calmant que le souffle bacillifère des fumiers de ville ici et que l'humidité des forêts est plus redoutable à la santé et plus engendreuse de fièvres que l'humidité des marais putréfiés à cent lieues du plus petit bois.

En réalité, la salubrité indiscutable de Tunis est stupéfiante et ne peut être attribuée qu'à la pureté parfaite de l'eau qu'on boit dans cette ville, ce qui donne absolument raison aux théories les plus modernes sur le mode de propagation des germes morbides.

L'eau du Zagh'ouan, en effet, captée sous terre à quatre-vingts kilomètres environ de Tunis, parvient dans les maisons, sans avoir eu avec l'air le moindre contact et sans avoir pu recueillir, par conséquent, aucune graine de contagion.

L'étonnement qu'éveillait en moi l'affirmation de cette salubrité me fit chercher les moyens de visiter un hôpital, et le médecin maure qui dirige le plus important de Tunis voulut bien me faire pénétrer dans le sien.

Or, dès que fut ouverte la grande porte donnant sur une vaste cour arabe, dominée par une galerie à colonnes qu'abrite une terrasse, ma surprise et mon émotion furent tels que je ne songeais plus guère à ce qui m'avait fait entrer là.

Autour de moi, sur les quatre côtés de la cour, d'étroites cellules, grillées comme des cachots, enfermaient des hommes qui se levèrent en nous voyant et vinrent coller entre les barreaux de fer des faces creuses et livides. Puis un d'eux, passant sa main et l'agitant hors de cette cage, cria quelque injure. Alors les autres, sautillant soudain comme les bêtes des ménageries, se mirent à vociférer, tandis que, sur la galerie du premier étage, un Arabe à grande barbe, coiffé d'un épais turban, le cou cerclé de colliers de cuivre, laissait pendre avec nonchalance sur la balustrade un bras couvert de bracelets et des doigts chargés de bagues. Il souriait en écoutant ce bruit. C'est un fou, libre et tranquille, qui se croit le roi des rois et qui règne paisiblement sur les fous furieux enfermés en bas.

Je voulus passer en revue ces déments effrayants et admirables en leur costume oriental, plus curieux et moins émouvants peut-être, à force d'être étranges, que nos pauvres fous d'Europe.

Dans la cellule du premier, on me permit de pénétrer. Comme la plupart de ses compagnons, c'est le haschich ou plutôt le kif qui l'a mis en cet état. Il est tout jeune, fort pâle, fort maigre, et me parle en me regardant avec des yeux fixes, troubles, énormes. Que dit-il ? Il me demande une pipe pour fumer et me raconte que son père l'attend.

De temps en temps, il se soulève, laissant voir sous sa gebba et son burnous des jambes grêles d'araignée humaine ; et le nègre, son gardien, un géant luisant aux yeux blancs, le rejette chaque fois sur sa natte d'une seule pesée sur l'épaule, qui semble écraser le faible halluciné.

Son voisin est une sorte de monstre jaune et grimaçant, un Espagnol de Ribera, accroupi et cramponné aux barreaux et qui demande aussi du tabac ou du kif, avec un rire continu qui a l'air d'une menace.

Ils sont deux dans la case suivante : encore un fumeur de chanvre, qui nous accueille avec des gestes frénétiques, grand Arabe aux membres vigoureux, tandis que, assis sur ses talons, son voisin, immobile, fixe sur nous des yeux transparents de chat sauvage. Il est d'une beauté rare cet homme, dont la barbe noire, courte et frisée, rend le teint livide et superbe. Le nez est fin, la figure longue, élégante, d'une distinction parfaite. C'est un Mozabite, devenu fou après avoir trouvé mort son jeune fils, qu'il cherchait depuis deux jours.

Puis en voici un vieux qui rit et nous crie, en dansant comme un ours :

— Fous, fous, nous sommes tous fous, moi, toi, le médecin, le gardien, le bey, tous, tous fous !

C'est en arabe qu'il hurle cela ; mais on comprend, tant sa mimique est effroyable, tant l'affirmation de son doigt tendu vers nous est irrésistible. Il nous désigne l'un après l'autre, et rit, car il est sûr que nous sommes fous, lui, ce fou, et il répète :

— Oui, oui, toi, toi, toi, tu es fou !

Et on croit sentir pénétrer en son âme un souffle de déraison, une émanation contagieuse et terrifiante de ce dément malfaisant.

Et on s'en va, et on lève les yeux vers le grand carré bleu du ciel qui plane sur ce trou de damnés. Alors apparaît, souriant toujours, calme et beau comme un roi mage, le seigneur de tous ces fous, l'Arabe à longue barbe, penché sur la galerie, et qui laisse briller au soleil les mille objets de cuivre, de fer et de bronze, clefs, anneaux et pointes, dont il pare avec orgueil sa royauté imaginaire.

Depuis quinze ans, il est ici, ce sage, errant à pas lents, d'une allure majestueuse et calme, si majestueuse, en effet, qu'on le salue avec respect. Il répond, d'une voix de souverain, quelques mots qui signifient : « Soyez les bienvenus ; je suis heureux de vous voir. » Puis il cesse de nous regarder.

Depuis quinze ans, cet homme ne s'est point couché. Il dort assis sur une marche, au milieu de l'escalier de pierre de l'hôpital. On ne l'a jamais vu s'étendre.

Que n'importent, à présent, les autres malades, si peu nombreux, d'ailleurs, qu'on les compte dans les grandes salles blanches, d'où l'on voit par les fenêtres s'étaler la ville éclatante, sur qui semblent bouillonner les dômes des koubbas et des mosquées.

Je m'en vais troublé d'une émotion confuse, plein de pitié, peut-être d'envie, pour quelques-uns de ces hallucinés, qui continuent dans cette prison, ignorée d'eux, le rêve trouvé, un jour, au fond de la petite pipe bourrée de quelques feuilles jaunes.

Le soir de ce même jour un fonctionnaire français, armé d'un pouvoir spécial, m'offrit de me faire pénétrer dans quelques mauvais lieux de plaisir arabes, ce qui est fort difficile aux étrangers.

Nous dûmes d'ailleurs être accompagnés par un agent de la police beylicale, sans quoi aucune porte, même celle des plus vils bouges indigènes, ne se serait ouverte devant nous.

La ville arabe d'Alger est pleine d'agitation nocturne. Dès que le soir vient, Tunis est mort. Les petites rues étroites, tortueuses, inégales, semblent des couloirs d'une cité abandonnée, dont on a oublié d'éteindre le gaz, par places.

Nous voici très loin, dans ce labyrinthe de murs blancs ; et on nous fit entrer chez des Juives qui dansaient la « danse du ventre ». Cette danse est laide, disgracieuse, curieuse seulement pour les amateurs par la maestria de l'artiste. Trois sœurs, trois filles très parées, faisaient leurs contorsions impures, sous l'œil bienveillant de leur mère, une énorme petite boule de graisse vivante coiffée d'un cornet de papier doré et mendiant pour les frais généraux de la maison, après chaque crise de trépidation des ventres de ses enfants. Autour du salon trois portes entrebâillées montraient les couches basses de trois chambres. J'ouvris une quatrième porte et je vis, dans un lit, une femme couchée qui me parut belle. On se précipita sur moi, mère, danseuses, deux domestiques nègres et un homme inaperçu qui regardait, derrière un rideau, s'agiter pour nous le flanc de ses sœurs. J'allais entrer dans la chambre de sa femme légitime qui était enceinte, de la belle-fille, de la belle-sœur des drôlesses qui tentaient, mais en vain, de nous mêler, ne fût-ce qu'un soir, à la famille. Pour me faire pardonner cette défense d'entrer, on me montra le premier enfant de cette dame, une petite fille de trois ou quatre ans, qui esquissait déjà la « danse du ventre ».

Je m'en allai fort dégoûté.

Avec des précautions infinies on me fit pénétrer ensuite dans le logis de grandes courtisanes arabes. Il fallut veiller au bout des rues, parlementer, menacer, car si les indigènes savaient que le roumi est entré chez elles, elles seraient abandonnées, honnies, ruinées. Je vis là de grosses filles brunes, médiocrement belles, en des taudis pleins d'armoires à glace.

Nous songions à regagner l'hôtel quand l'agent de police indigène nous proposa de nous conduire tout simplement dans un bouge, dans un lieu d'amour dont il ferait ouvrir la porte d'autorité.

Et nous voici encore le suivant à tâtons dans des ruelles

noires inoubliables, allumant des allumettes pour ne pas tomber, trébuchant tout de même en des trous, heurtant les maisons de la main et de l'épaule et entendant parfois des voix, des bruits de musique, des rumeurs de fête sauvage sortir des murs, étouffés, comme lointains, effrayants d'assourdissement et de mystère. Nous sommes en plein dans le quartier de la débauche.

Devant une porte on s'arrête ; nous nous dissimulons à droite et à gauche tandis que l'agent frappe à coups de poing en criant une phrase arabe, un ordre.

Une voix, faible, une voix de vieille répond derrière la planche ; et nous percevons maintenant des sons d'instruments et des chants criards de femmes arabes dans les profondeurs de ce repaire.

On ne veut pas ouvrir. L'agent se fâche, et de sa gorge sortent des paroles précipitées, rauques et violentes. À la fin, la porte s'entrebâille, l'homme la pousse, entre comme en une ville conquise, et d'un beau geste vainqueur semble nous dire : « Suivez-moi. »

Nous le suivons, en descendant trois marches qui nous mènent en une pièce basse, où dorment, le long des murs, sur des tapis, quatre enfants arabes, les petits de la maison. Une vieille, une de ces vieilles indigènes qui sont des paquets de loques jaunes nouées autour de quelque chose qui remue, et d'où sort une tête invraisemblable et tatouée de sorcière, essaye encore de nous empêcher d'avancer. Mais la porte est refermée, nous entrons dans une première salle où quelques hommes sont debout qui n'ont pu pénétrer dans la seconde dont ils obstruent l'ouverture en écoutant d'un air recueilli l'étrange et aigre musique qu'on fait là-dedans. L'agent pénètre le premier, fait écarter les habitués et nous atteignons une chambre étroite, allongée, où des tas d'Arabes sont accroupis sur des planches, le long des deux murs blancs, jusqu'au fond.

Là, sur un grand lit français qui tient toute la largeur de la pièce, une pyramide d'autres Arabes s'étage, invraisemblablement empilés et mêlés, un amas de burnous d'où émergent cinq têtes à turban.

Devant eux, au pied du lit, sur une banquette nous faisant face, derrière un guéridon d'acajou chargé de verres, de bouteilles de bière, de tasses à café et de petites cuillers d'étain, quatre femmes assises chantent une interminable et traînante mélodie du Sud, que quelques musiciens juifs accompagnent sur des instruments.

Elles sont parées comme pour une féerie, comme les princesses des *Mille et Une Nuits*, et une d'elles, âgée de quinze ans environ, est d'une beauté si surprenante, si parfaite, si rare, qu'elle illumine ce lieu bizarre, en fait quelque chose d'imprévu, de symbolique et d'inoubliable.

Les cheveux sont retenus par une écharpe d'or qui coupe le front d'une tempe à l'autre. Sous cette barre droite et métallique s'ouvrent deux yeux énormes, au regard fixe, insensible, introuvable, deux yeux longs, noirs, éloignés, que sépare un nez d'idole tombant sur une petite bouche d'enfant, qui s'ouvre pour chanter et semble seule vivre en ce visage. C'est une figure sans nuances, d'une régularité imprévue, primitive et superbe, faite de lignes si simples qu'elles semblent les formes naturelles et uniques de ce visage humain.

En toute figure rencontrée, on pourrait, semble-t-il, remplacer un trait, un détail, par quelque chose pris sur une autre personne. Dans cette tête de jeune Arabe on ne pourrait rien changer, tant ce dessin en est typique et parfait. Ce front uni, ce nez, ces joues d'un modelé imperceptible qui vient mourir à la fine pointe du menton, en encadrant, dans un ovale irréprochable de chair un peu brune, les seuls yeux, le seul nez et la seule bouche qui puissent être là, sont l'idéal d'une conception de beauté absolue dont notre regard est ravi, mais dont notre rêve seul peut ne se pas sentir entièrement satisfait. À côté d'elle, une autre fillette, charmante aussi, point exceptionnelle, une de ces faces blanches, douces, dont la chair a l'air d'une pâte faite avec du lait. Encadrant ces deux étoiles, deux autres femmes sont assises, au type bestial, à la tête courte, aux pommettes saillantes, deux prostituées nomades, de ces êtres perdus que les tribus sèment en route, ramassent et reperdent, puis laissent un jour à la traîne de quelque troupe de spahis qui les emmène en ville.

Elles chantent en tapant sur la darbouka avec leurs mains rougies par le henné, et les musiciens juifs les accompagnent sur de petites guitares, des tambourins et des flûtes aiguës.

Tout le monde écoute, sans parler, sans jamais rire, avec une gravité auguste.

Où sommes-nous ? Dans le temple de quelque religion barbare, ou dans une maison publique ?

Dans une maison publique ? Oui, nous sommes dans une maison publique, et rien au monde ne m'a donné une sensation plus imprévue, plus fraîche, plus colorée que l'entrée dans cette longue pièce basse, où ces filles, parées, dirait-on, pour un culte sacré, attendent le caprice d'un de ces hommes graves qui semblent murmurer le Coran jusqu'au milieu des débauches.

On m'en montre un, asssis devant sa minuscule tasse de café, les yeux levés, plein de recueillement. C'est lui qui a retenu l'idole ; et presque tous les autres sont des invités. Il leur offre des rafraîchissements et de la musique, et la vue de cette belle fille jusqu'à l'heure où il les priera de rentrer chacun chez soi. Et ils s'en iront en le saluant avec des gestes majestueux. Il est beau, cet homme de goût, jeune, grand, avec une peau transparente d'Arabe des villes que rend plus claire la barbe noire, luisante, soyeuse et un peu rare sur les joues.

La musique cesse, nous applaudissons. On nous imite. Nous sommes assis sur des escabeaux, au milieu d'une pile d'hommes. Soudain une longue main noire me frappe sur l'épaule et une voix, une de ces voix étranges des indigènes essayant de parler français, me dit :

— Moi, pas d'ici, Français comme toi.

Je me retourne et je vois un géant en burnous, un des Arabes les plus hauts, les plus maigres, les plus osseux que j'aie jamais rencontrés.

— D'où es-tu donc ? lui dis-je stupéfait.

— D'Algérie !

— Ah ! je parie que tu es Kabyle ?

— Oui, moussi.

Il riait, enchanté que j'eusse deviné son origine, et me montrant son camarade :

— Lui aussi.

— Ah ! bon.

C'était pendant une sorte d'entracte.

Les femmes, à qui personne ne parlait, ne remuaient pas plus que des statues, et je me mis à causer avec mes deux voisins d'Algérie, grâce au secours de l'agent de police indigène.

J'appris qu'ils étaient bergers, propriétaires aux environs de Bougie, et qu'ils portaient dans les replis de leurs burnous des flûtes de leur pays dont ils jouaient le soir, pour se distraire. Ils avaient envie sans doute qu'on admirât leur talent et ils me montrèrent deux minces roseaux percés de trous, deux vrais roseaux coupés par eux au bord d'une rivière.

Je priai qu'on les laissât jouer, et tout le monde aussitôt se tut avec une politesse parfaite.

Ah ! la surprenante et délicieuse sensation qui se glissa dans mon cœur avec les premières notes si légères si bizarres, si inconnues, si imprévues, des deux petites voix de ces deux petits tubes poussés dans l'eau. C'était fin, doux, haché, sautillant : des sons qui volaient, qui voletaient l'un après l'autre sans se rejoindre, sans se trouver, sans s'unir jamais ; un chant qui s'évanouissait toujours, qui recommençait toujours, qui passait, qui flottait autour de nous, comme un souffle de l'âme des feuilles, de l'âme des bois, de l'âme des ruisseaux, de l'âme du vent, entré avec ces deux grands bergers des montagnes kabyles dans cette maison publique d'un faubourg de Tunis.

# VERS KAIROUAN

11 décembre

Nous quittons Tunis par une belle route qui longe d'abord un coteau, suit un instant le lac, puis traverse une plaine. L'horizon large, fermé par des montagnes aux crêtes vaporeuses, est nu, tout nu, taché seulement de place en place par des villages blancs, où l'on aperçoit de loin, dominant la masse indistincte des maisons, les minarets pointus et les petits dômes des koubbas. Sur toute cette terre fanatique, nous les retrouvons sans cesse, ces petits dômes éclatants des koubbas, soit dans les plaines fertiles d'Algérie ou de Tunisie, soit comme un phare sur le dos arrondi des montagnes, soit au fond des forêts de cèdres ou de pins, soit au bord des ravins profonds dans les fourrés de lentisques et de chênes-lièges, soit dans le désert jaune entre deux dattiers qui se penchent au-dessus, l'un à droite, l'autre à gauche, et laissent tomber sur la coupole de lait l'ombre légère et fine de leurs palmes.

Ils contiennent, comme une semence sacrée, les os des marabouts qui fécondent le sol illimité de l'Islam, y font germer, de Tanger à Tombouctou, du Caire à La Mecque, de Tunis à Constantinople, de Karthoum à Java, la plus puissante, la plus mystérieusement dominatrice des religions qui ait dompté la conscience humaine.

Petits, ronds, isolés, et si blancs qu'ils jettent une clarté, ils ont bien l'air d'une graine divine jetée à poignée sur le monde par ce grand semeur de foi, Mohammed, frère d'Aïssa et de Moïse.

Pendant longtemps, nous allons, au grand trot des quatre chevaux attelés de front, par des plaines sans fin, plantées de vignes ou ensemencées de céréales qui commencent à sortir de terre.

Puis soudain la route, la belle route établie par les Ponts et Chaussées depuis le protectorat français, s'arrête net. Un pont a cédé aux dernières pluies, un pont trop petit, qui n'a pu laisser passer la masse d'eau venue de la montagne. Nous descendons à grand'peine dans le ravin, et la voiture, remontée de l'autre côté, reprend la belle route, une des principales artères de la Tunisie, comme on dit dans le langage officiel. Pendant quelques kilomètres, nous pouvons trotter encore, jusqu'à ce qu'on rencontre un autre petit pont qui a cédé également sous la pression des eaux. Puis, un peu plus loin, c'est au contraire le pont qui est resté, tout seul, indestructible, comme un minuscule arc de triomphe, tandis que la route emportée, des deux côtés, forme deux abîmes autour de cette ruine toute neuve.

Vers midi, nous apercevons devant nous une construction singulière. C'est, au bord de la route presque disparue déjà, un large pâté d'habitations soudées ensemble, à peine plus hautes que la taille d'un homme, abritées sous une suite continue de voûtes dont les unes, un peu plus élevées, dominent et donnent à ce singulier village l'aspect d'une agglomération de tombeaux. Là-dessus courent, hérissés, des chiens blancs qui aboient contre nous.

Ce hameau s'appelle Gorombalia et fut fondé par un chef andalou mahométan, Mohammed Gorombali, chassé d'Espagne par Isabelle la Catholique.

Nous déjeunons en ce lieu, puis nous repartons. Partout, au loin, avec la lunette-jumelle, on aperçoit des ruines romaines. D'abord Vico Aureliano, puis Siago, plus important, où restent des constructions byzantines et arabes. Mais voilà que la belle route, la principale artère de la Tunisie, n'est plus qu'une ornière affreuse. Partout l'eau des pluies l'a trouée, minée, dévorée. Tantôt les ponts écroulés ne montrent plus qu'une masse de pierres dans un ravin, tantôt ils demeurent intacts, tandis que l'eau, les dédaignant, s'est frayé ailleurs une voie, ouvrant à travers le talus des Ponts et Chaussées des tranchées larges de cinquante mètres.

Pourquoi donc ces dégâts, ces ruines ? Un enfant, du

premier coup d'œil, le saurait. Tous les ponceaux, trop étroits d'ailleurs, sont au-dessus du niveau des eaux dès qu'arrivent les pluies. Les uns donc, recouverts par le torrent, obstrués par les branches qu'il traîne, sont renversés, tandis que le courant capricieux refusant de se canaliser sous les suivants, qui ne sont point sur son cours ordinaire, reprend le chemin des autres années, en dépit des ingénieurs. Cette route de Tunis à Kairouan est stupéfiante à voir. Loin d'aider au passage des gens et des voitures, elle le rend impossible, crée des dangers sans nombre. On a détruit le vieux chemin arabe qui était bon, et on l'a remplacé par une série de fondrières, d'arches démolies, d'ornières et de trous. Tout est à refaire avant d'avoir été fini. On recommence à chaque pluie les travaux, sans vouloir avouer, sans consentir à comprendre qu'il faudra toujours recommencer ce chapelet de ponts croulants. Celui d'Enfidaville a été reconstruit deux fois. Il vient encore d'être emporté. Celui d'Oued-el-Hammam est détruit pour la quatrième fois. Ce sont des ponts nageurs, des ponts plongeurs, des ponts culbuteurs. Seuls, les vieux ponts arabes résistent à tout.

On commence par se fâcher, car la voiture doit descendre en des ravins presque infranchissables où, dix fois par heure, on croit verser, puis on finit par en rire, comme d'une incroyable cocasserie. Pour éviter ces ponts redoutables, il faut faire d'immenses détours, aller au nord, revenir au sud, tourner à l'est, repasser à l'ouest. Les pauvres indigènes ont dû, à coups de pioche, à coups de hache, à coups de serpe, se frayer un passage nouveau à travers le maquis de chênes verts, de thuyas, de lentisques, de bruyères et de pins d'Alep, l'ancien passage étant détruit par nous.

Bientôt les arbustes disparaissent, et nous ne voyons plus qu'une étendue onduleuse, crevassée par les ravines, où, de place en place, apparaissent, soit les os clairs d'une carcasse aux côtes soulevées, soit une charogne à moitié dévorée par les oiseaux de proie et les chiens. Pendant quinze mois, il n'est point tombé une goutte d'eau sur cette terre, et la moitié des bêtes y sont mortes de faim. Leurs cadavres restent semés partout, empoisonnent le vent, et donnent à ces plaines l'aspect d'un pays stérile, rongé par le soleil et ravagé par la peste. Seuls, les chiens sont gras, nourris de cette viande en putréfaction. Souvent, on en aperçoit deux ou trois acharnés sur la même pourriture. Les pattes raides, ils tirent sur la longue jambe d'un chameau ou sur la courte patte d'un bourriquet, ils dépècent le poitrail d'un cheval ou fouillent le ventre d'une vache. Et on en découvre au loin qui errent, en quête de charognes, le nez dans la brise, le poil épais, tendant leur museau pointu.

Et il est bizarre de songer que ce sol calciné depuis deux ans par un soleil implacable, noyé depuis un mois sous des pluies de déluge, sera, vers mars et avril, une prairie illimitée, avec des herbes montant aux épaules d'un homme, et d'innombrables fleurs comme nous n'en voyons guère en nos jardins. Chaque année, quand il pleut, la Tunisie entière passe, à quelques mois de distance, par la plus affreuse aridité et par la plus fougueuse fécondité. De Sahara sans un brin d'herbe elle devient tout à coup, presque en quelques jours, comme par un miracle, une Normandie follement verte, une Normandie, ivre de chaleur, jetant en ces moissons de telles poussées de sève qu'elles sortent de terre, grandissent, jaunissent et mûrissent à vue d'œil.

Elle est cultivée, de place en place, d'une façon très singulière, par les Arabes.

Ils habitent, soit les villages clairs aperçus au loin, soit les gourbis, huttes de branchages, soit les tentes brunes et pointues cachées, comme d'énormes champignons, derrière des broussailles sèches ou des bois de cactus. Quand la dernière moisson a été abondante, ils se décident de bonne heure à préparer les labours ; mais, quand la sécheresse les a presque affamés, ils attendent en général les premières pluies pour risquer leurs derniers grains ou pour emprunter au gouvernement la semence qu'il leur prête assez facilement. Or, dès que les lourdes ondées d'automne ont détrempé la contrée, ils vont trouver tantôt le caïd qui détient le territoire fertile, tantôt le nouveau propriétaire européen qui loue souvent plus cher, mais ne les vole pas, et leur rend dans leurs contestations une justice plus stricte, qui n'est point vénale, et ils désignent les terres choisies par eux, en marquent les limites, les prennent à bail pour une seule saison, puis se mettent à les cultiver.

Alors on voit un étonnant spectacle ! Chaque fois que, quittant les régions pierreuses et arides, on arrive aux parties fécondes, apparaissent au loin les invraisemblables silhouettes des chameaux laboureurs attelés aux charrues. La haute bête fantastique traîne, de son pas lent, le maigre instrument de bois que pousse l'Arabe, vêtu d'une sorte de chemise. Bientôt ces groupes surprenants se multiplient, car on approche d'un centre recherché. Ils vont, viennent, se croisent par toute la plaine, y promenant l'inexprimable profil de l'animal, de l'instrument et de l'homme, qui semblent soudés ensemble, ne faire qu'un seul être apocalyptique et solennellement drôle.

Le chameau est remplacé de temps en temps par des vaches, par des ânes, quelquefois même par des femmes. J'en ai vu une accouplée avec un bourriquet et tirant autant que la bête, tandis que le mari poussait et excitait ce lamentable attelage.

Le sillon de l'Arabe n'est point ce beau sillon profond et droit du laboureur européen, mais une sorte de feston qui se promène capricieusement à fleur de terre autour des touffes de jujubiers. Jamais ce nonchalant cultivateur ne s'arrête ou ne se baisse pour arracher une plante parasite poussée devant lui. Il l'évite par un détour, la respecte, l'enferme comme si elle était précieuse, comme si elle était sacrée, dans les circuits tortueux de son labour. Ses champs sont donc pleins de touffes d'arbrisseaux, dont quelques-unes si petites qu'un simple effort de la main les pourrait extirper. La vue seule de cette culture mixte de broussailles et de céréales finit par tant énerver l'œil qu'on a envie de prendre une pioche de défricher les terres où circulent, à travers les jujubiers sauvages, ces triades fantastiques de chameaux, de charrues et d'Arabes.

On retrouve bien, dans cette indifférence tranquille, dans ce respect pour la plante poussée sur la terre de Dieu, l'âme fataliste de l'Oriental. Si elle a grandi là, cette plante, c'est que le Maître l'a voulu, sans doute. Pourquoi défaire son œuvre et la détruire ? Ne vaut-il pas mieux se détourner et l'éviter ? Si elle croît jusqu'à couvrir le champ entier, n'y a-t-il point d'autres terres plus loin ? Pourquoi prendre cette peine, faire un geste, un effort de plus, augmenter d'une fatigue, si légère soit-elle, la besogne indispensable ?

Chez nous, le paysan, rageur, jaloux de la terre plus que de sa femme, se jetterait, la pioche aux mains, sur l'ennemi poussé chez lui et, sans repos jusqu'à ce qu'il l'eût vaincu, il frapperait, avec de grands gestes de bûcheron, la racine tenace enfoncée au sol.

Ici, que leur importe ? Jamais non plus ils n'enlèvent la pierre rencontrée ; ils la contournent aussi. En une heure, certains champs pourraient être débarrassés, par un seul homme, des rochers mobiles qui forcent le soc de la charrue à des ondulations sans nombre. Ils ne le seront jamais. La pierre est là, qu'elle y reste. N'est-ce pas la volonté de Dieu ?

Quand les nomades ont ensemencé le terrain choisi par eux, ils s'en vont, cherchant ailleurs des pâturages pour leurs troupeaux et laissant une seule famille à la garde des récoltes.

Nous sommes à présent dans un immense domaine de cent quarante mille hectares, qu'on nomme l'Enfida, et qui appartient à des Français. L'achat de cette propriété démesurée, vendue par le général Khei-ed-Din, ex-ministre du bey, a été une des causes déterminantes de l'influence française en Tunisie.

Les circonstances qui ont accompagné cet achat sont amusantes et caractéristiques. Quand les capitalistes français et le général se furent mis d'accord sur le prix, on se rendit chez le cadi pour rédiger l'acte ; mais la loi tunisienne contient une disposition spéciale qui permet aux voisins limitrophes d'une propriété vendue de réclamer la préférence à prix égal.

Chez nous, par prix égal, on entendrait exprimer une somme égale en n'importe quelles espèces ayant cours ; mais le code oriental, qui laisse toujours ouverte une porte pour les chicanes, prétend que le prix sera payé par le voisin réclamant en monnaies identiquement pareilles : même nombre de titres de même nature, de billets de banque de même valeur, de pièces d'or, d'argent ou de cuivre. Enfin, afin de rendre, en certains cas, insoluble cette difficulté, il permet au cadi d'autoriser le premier acheteur à ajouter aux sommes stipulées une poignée de menues piécettes indéterminées, par conséquent inconnues, ce qui met les voisins limitrophes dans l'impossibilité absolue de fournir une somme strictement et matériellement semblable.

Devant l'opposition d'un Israélite, M. Lévy, voisin de l'Enfida, les Français demandèrent au cadi l'autorisation d'ajouter au prix convenu cette poignée de menues monnaies. L'autorisation leur fut refusée.

Mais le code musulman est fécond en moyens, et un autre se présenta. Ce fut d'acheter cet énorme bloc de terres de cent quarante mille hectares, moins un ruban d'un mètre sur tout le contour. Dès lors, il n'y avait plus contact avec aucun voisin ; et la société franco-africaine demeura, malgré tous les efforts de ses ennemis et du ministère beylical, propriétaire de l'Enfida.

Elle y a fait de grands travaux dans toutes les parties fertiles, a planté des vignes, des arbres, fondé des villages et divisé les terres par portions régulières de dix hectares chacune, afin que les Arabes eussent toute facilité pour choisir et indiquer leur choix sans erreur possible.

Pendant deux jours, nous allons traverser cette province tunisienne avant d'en atteindre l'autre extrémité. Depuis quelque temps, la route, une simple piste à travers les touffes de jujubiers, était devenue meilleure, et l'espoir d'arriver avant la nuit à Bou-Ficha, où nous devions coucher, nous réjouissait, quand nous aperçûmes une armée d'ouvriers de toute race occupés à remplacer ce chemin passable par une voie française, c'est-à-dire par un chapelet de dangers, et nous devons reprendre le pas. Ils sont surprenants ces ouvriers. Le nègre lippu, aux gros yeux blancs, aux dents éclatantes, pioche à côté de l'Arabe au fin profil, de l'Espagnol poilu, du Marocain, du Maure, du Maltais et du terrassier français égaré, on ne sait comment ni pourquoi, en ce pays ; il y a aussi là des Grecs, des Turcs, tous les types de Levantins ; et on songe à ce que doit être la moyenne de morale, de probité et d'aménité de cette horde.

Vers trois heures, nous atteignons le plus vaste caravansérail que j'aie jamais vu. C'est toute une ville, ou plutôt un village enfermé dans une seule enceinte, qui contient, l'une après l'autre, trois cours immenses où sont parqués en de petites cases les hommes, boulangers, savetiers, marchands divers, et, sous les arcades, les bêtes. Quelques cellules propres, avec des lits et des nattes, sont réservées pour les passants de distinction.

Sur le mur de la terrasse, deux pigeons blancs argentés et luisants nous regardent avec des yeux rouges qui brillent comme des rubis.

Les chevaux ont bu. Nous repartons.

La route se rapproche un peu de la mer, dont nous

découvrons la traînée bleuâtre à l'horizon. Au bout d'un cap, une ville apparaît, dont la ligne, droite, éblouissante sous le soleil couchant, semble courir sur l'eau. C'est Hammamet, qui se nommait Put-Put sous les Romains. Au loin, devant nous, dans la plaine, se dresse une ruine ronde qui, par un effet de mirage, semble gigantesque. C'est encore un tombeau romain, haut seulement de dix mètres, qu'on nomme Kars-el-Menara.

Le soir vient. Sur nos têtes le ciel est resté bleu, mais devant nous s'étale une nuée violette, opaque, derrière laquelle le soleil s'enfonce. Au bas de cette couche de nuages s'allonge sur l'horizon et sur la mer un mince ruban rose, tout droit, régulier, et qui devient, de minute en minute, de plus en plus lumineux à mesure que descend vers lui l'astre invisible. De lourds oiseaux passent d'un vol lent ; ce sont, je crois, des buses. La sensation du soir est profonde, pénètre l'âme, le cœur, le corps avec une rare puissance, dans cette lande sauvage qui va ainsi jusqu'à Kairouan, à deux jours de marche devant nous. Tel doit être à l'heure du crépuscule, le steppe russe. Nous rencontrons trois hommes en burnous. De loin, je les prends pour des nègres, tant ils sont noirs et luisants, puis je reconnais le type arabe. Ce sont des gens du Souf, curieuse oasis presque enfouie dans les sables entre les chotts et Tougourt. La nuit bientôt s'étend sur nous. Les chevaux ne vont plus qu'au pas. Mais soudain surgit dans l'ombre un mur blanc. C'est l'intendance nord de l'Enfida, le bordj de Bou-Ficha, sorte de forteresse carrée, défendue par des murs sans ouvertures et par une porte de fer contre les surprises des Arabes. On nous attend. La femme de l'intendant, M^me^ Moreau, nous a préparé un fort bon dîner. Nous avons fait quatre-vingts kilomètres, malgré les Ponts et Chaussées.

12 décembre.

Nous partons au point du jour. L'aurore est rose, d'un rose intense. Comment l'exprimer ? Je dirais saumonée si cette note était plus brillante. Vraiment nous manquons de mots pour faire passer devant les yeux toutes les combinaisons des tons. Notre regard, le regard moderne, sait voir la gamme infinie des nuances. Il distingue toutes les unions de couleurs entre elles, toutes les dégradations qu'elles subissent, toutes leurs modifications sous l'influence des voisinages, de la lumière, des ombres, des heures du jour. Et pour dire ces milliers de subtiles colorations, nous avons seulement quelques mots, les mots simples qu'employaient nos pères afin de raconter les rares émotions de leurs yeux naïfs.

Regardons les étoffes nouvelles. Combien de tons inexprimables entre les tons principaux ! Pour les évoquer, on ne peut se servir que de comparaisons qui sont toujours insuffisantes.

Ce que j'ai vu, ce matin-là, en quelques minutes, je ne saurais, avec des verbes, des noms et des adjectifs, le faire voir.

Nous nous approchons encore de la mer, ou plutôt d'un vaste étang qui s'ouvre sur la mer. Avec ma lunette-jumelle, j'aperçois, dans l'eau, des flamants, et je quitte la voiture afin de ramper vers eux entre les broussailles et de les regarder de plus près.

J'avance. Je les vois mieux. Les uns nagent, d'autres sont debout sur leurs longues échasses. Ce sont des taches blanches et rouges qui flottent, ou bien des fleurs énormes poussées sur une menue tige de pourpre, des fleurs groupées par centaines, soit sur la berge, soit dans l'eau. On dirait des plates-bandes de lis carminés, d'où sortent, comme d'une corolle, des têtes d'oiseau tachées de sang au bout d'un cou mince et recourbé.

J'approche encore, et soudain la bande la plus proche me voit ou me flaire, et fuit. Un seul s'enlève d'abord, puis tous partent. C'est vraiment l'envolée prodigieuse d'un jardin, dont toutes les corbeilles l'une après l'autre s'élancent au ciel ; et je suis longtemps, avec ma jumelle, les nuages roses et blancs qui s'en vont là-bas, vers la mer, en laissant traîner derrière eux toutes ces pattes sanglantes, fines comme des branches coupées.

Ce grand étang servait autrefois de refuge aux flottes des habitants d'Aphrodisium, pirates redoutables qui s'embusquaient et se réfugiaient là.

On aperçoit au loin les ruines de cette ville, où Bélisaire fit halte dans sa marche sur Carthage. On y trouve encore un arc de triomphe, les reste d'un temple de Vénus et d'une immense forteresse.

Sur le seul territoire de l'Enfida, on rencontre ainsi les vestiges de dix-sept cités romaines. Là-bas, sur le rivage, est Hergla, qui fut l'opulente Aurea Cœlia d'Antonin, et si, au lieu d'incliner vers Kairouan, nous continuions en ligne droite, nous verrions, le soir du troisième jour de marche, se dresser dans une plaine absolument inculte l'amphithéâtre de Ed-Djem, aussi grand que le Colisée de Rome, débris colossal qui pouvait contenir quatre-vingt mille spectateurs.

Autour de ce géant, qui serait presque intact si Hamouda, bey de Tunis, ne l'avait fait ouvrir à coups de canon pour en déloger les Arabes qui refusaient de payer l'impôt, on a trouvé, de place en place, quelques traces d'une grande ville luxueuse, de vastes citernes et un immense chapiteau corinthien de l'art le plus pur, bloc unique de marbre blanc.

Quelle est l'histoire de cette cité, la Tusdrita de Pline, la Thysdrus de Ptolémée, dont le nom seul se trouve transcrit une ou deux fois par les historiens ? Que lui manque-t-il pour être célèbre, puisqu'elle fut si grande, si peuplée et si riche ? Presque rien, un Homère !

Sans lui, qu'eût été Troie ? qui connaîtrait Ithaque ?

Dans ce pays, on apprend par ses yeux ce qu'est l'histoire et surtout ce que fut la Bible. On comprend que les patriarches et tous les personnages légendaires, si grands dans les livres, si imposants dans notre imagination, furent de pauvres hommes qui erraient à travers les peuplades primitives, comme errent ces Arabes graves et simples, pleins encore de l'âme antique et vêtus du costume antique. Les patriarches ont eu seulement des poètes historiens pour chanter leur vie.

Une fois au moins par jour, au pied d'un olivier, au coin d'un bois de cactus, on rencontre la *Fuite en Égypte ;* et on sourit en songeant que les peintres galants ont fait asseoir la Vierge Marie sur l'âne qui fut monté sans aucun doute par Joseph, son époux, tandis qu'elle suivait à pas pesants, un peu courbée, portant sur son dos, dans un burnous gris de poussière, le petit corps rond, comme une boule, de l'enfant Jésus.

Celle que nous voyons surtout, à chaque puits, c'est Rebecca. Elle est habillée d'une robe en laine bleue, superbement drapée ; porte aux chevilles des anneaux d'argent et, sur la poitrine, un collier de plaques du même métal, unies par des chaînettes. Quelquefois, elle se cache la figure à notre approche ; quelquefois aussi, quand elle est belle, elle nous montre un frais et brun visage qui nous regarde avec de grands yeux noirs. C'est bien la fille de la Bible celle dont le cantique a dit : *« Nigra sum sed formosa »*, celle qui soutenant une outre sur son front par les chemins pierreux, montrant la chair ferme et bronzée de ses jambes marchant d'un pas tranquille, en balançant doucement sa taille souple sur ses hanches, tenta les anges du ciel, comme elle nous tente encore, nous qui ne sommes point des anges.

En Algérie et dans le Sahara algérien, toutes les femmes, celles des villes comme celles des tribus, sont vêtues de blanc. En Tunisie, au contraire, celles des cités sont enveloppées de la tête aux pieds en des voiles de mousseline noire qui en font d'étranges apparitions dans les rues si claires des petites villes du Sud, et celles des campagnes sont habillées avec des robes gros bleu d'un gracieux et grand effet, qui leur donne une allure encore plus biblique.

Nous traversons maintenant une plaine où l'on voit partout les traces du travail humain, car nous approchons du centre de l'Enfida, baptisé Enfidaville, après s'être nommé Dar-el-Bey.

Voici là-bas des arbres ! Quel étonnement ! Ils sont déjà hauts, bien que plantés seulement depuis quatre ans, et témoignent de l'étonnante richesse de cette terre et des résultats que peut donner une culture raisonnée et sérieuse. Puis, au milieu de ces arbres, apparaissent de grands bâtiments sur lesquels flotte le drapeau français. C'est l'habitation du régisseur général et l'œuf de la ville future. Un village s'est déjà formé autour de ces constructions importantes, et un marché y a lieu tous les lundis, où se font de très grosses affaires. Les Arabes y viennent en foule de points très éloignés.

Rien n'est plus intéressant que l'étude de l'organisation de cet immense domaine où les intérêts des indigènes ont été sauvegardés avec autant de soin que ceux des Européens. C'est là un modèle de gouvernement agraire pour ces pays mêlés où des mœurs essentiellement opposées et diverses appellent des institutions très délicatement prévoyantes.

Après avoir déjeuné dans cette capitale de l'Enfida, nous partons pour visiter un très curieux village perché sur un roc éloigné d'environ cinq kilomètres.

D'abord nous traversons des vignes, puis nous rentrons dans la lande, dans ces longues étendues de terre jaune, parsemées seulement de touffes maigres de jujubiers.

La nappe d'eau souterraine est à deux ou trois ou cinq mètres sous presque toutes ces plaines, qui pourraient devenir, avec un peu de travail, d'immenses champs d'oliviers.

On y voit seulement, de place en place, de petits bois de cactus grands à peine comme nos vergers.

Voici l'origine de ces bois :

Il existe en Tunisie un usage fort intéressant appelé *droit de vivification du sol*, qui permet à tout Arabe de s'emparer des terres incultes et de les féconder si le propriétaire n'est point présent pour s'y opposer.

Donc l'Arabe, apercevant un champ qui lui paraît fertile, y plante, soit des oliviers, soit surtout des cactus appelés à tort par lui figuiers de Barbarie, et, par ce seul fait, s'assure la jouissance de la moitié de chaque récolte jusqu'à extinction de l'arbre. L'autre moitié appartient au propriétaire foncier, qui n'a plus dès lors qu'à surveiller la vente des produits, pour toucher sa part régulière.

L'Arabe envahisseur doit prendre soin de ce champ, l'entretenir, le défendre contre les vols, le sauvegarder de tout mal comme s'il lui appartenait en propre, et chaque année, il met les fruits aux enchères pour que le partage soit équitable. Presque toujours, d'ailleurs, il s'en rend lui-même acquéreur, et paye alors au vrai propriétaire une sorte de fermage irrégulier et proportionnel à la valeur de chaque récolte.

Ces bois de cactus ont un aspect fantastique. Les troncs tordus ressemblent à des corps de dragons, à des membres de monstres aux écailles soulevées et hérissées de pointes. Quand on en rencontre un le soir, au clair de lune, on croirait vraiment entrer dans un pays de cauchemars.

Tout le pied du roc escarpé qui porte le village de Tac-Rouna est couvert de ces hautes plantes diaboliques. On traverse une forêt du Dante. On croit qu'elles vont remuer, agiter leurs larges feuilles rondes, épaisses et couvertes de longues aiguilles, qu'elles vont vous saisir, vous étreindre, vous déchirer avec ces redoutables griffes. Je ne sais rien de plus hallucinant que ce chaos de pierres énormes et de cactus qui garde le pied de cette montagne.

Tout à coup, au milieu de ces rochers et de ces végétaux à l'air féroce, nous découvrons un puits entouré de femmes, qui viennent chercher de l'eau. Les bijoux d'argent de leurs jambes et de leurs cous brillent au soleil. En nous apercevant, elles cachent leurs faces brunes sous un pli de l'étoffe bleue qui les drape, et un bras levé sur leur front, nous laissent passer en cherchant à nous voir.

Le sentier est escarpé, à peine bon pour des mulets. Les cactus aussi ont grimpé le long du chemin, dans les roches. Ils semblent nous accompagner, nous entourer, nous enfermer, nous suivre et nous devancer. Là-haut, tout au sommet de la montée, apparaît toujours le dôme éclatant d'une koubba.

Voici le village : un amas de ruines, de murs croulants, où on ne parvient guère à distinguer les trous habités de ceux qui ne servent plus. Les pans de muraille encore debout au nord et à l'ouest sont tellement minés et menaçants que nous n'osons pas nous aventurer au milieu : une secousse les ferait crouler.

La vue de là-haut est magnifique. Au sud, à l'est, à l'ouest, la plaine infinie que la mer baigne sur une longue étendue. Au nord, des montagnes pelées, rouges, dentelées comme la crête des coqs. Tout au loin, le djebel Zaghouan, qui domine la contrée entière.

Ce sont les dernières montagnes que nous apercevrons maintenant jusqu'à Kairouan.

Ce petit village de Tac-Rouna est une espèce de place forte arabe, tout à fait à l'abri d'un coup de main. Tac, d'ailleurs, est un diminutif de Tackesche, qui veut dire forteresse. Une des principales fonctions des habitants, car on ne peut, en ce cas, dire « occupations », consiste à garder dans leurs silos les grains que les nomades leur confient après la moisson.

Nous revenons, le soir, coucher à Enfidaville.

13 décembre

Nous passons d'abord au milieu des vignes de la Société

franco-africaine, puis nous atteignons des plaines démesurées où errent, par tout l'horizon, ces apparitions inoubliables faites d'un chameau, d'une charrue et d'un Arabe. Puis le sol devient aride, et devant nous j'aperçois, avec la jumelle, un grand désert de pierres énormes, debout, dans tous les sens, à droite, à gauche, à perte de vue. En approchant, on reconnaît des dolmens. C'est là une nécropole de proportions inimaginables, car elle couvre quarante hectares ! Chaque tombeau est composé de quatre pierres plates. Trois debout forment le fond et les deux côtés, une autre posée dessus, sert de toit. Pendant longtemps, toutes les fouilles faites par le régisseur de l'Enfida pour découvrir des caveaux sous ces monuments mégalithiques sont demeurées inutiles. Il y a dix-huit mois ou deux ans, M. Hamy, conservateur de musée d'ethnographie de Paris, après beaucoup de recherches, parvint à découvrir l'entrée de ces tombes souterraines, cachée avec beaucoup d'adresse sous un lit de roches épaisses. Il a trouvé dedans quelques ossements et des vases de terre révélant des sépultures berbères. D'un autre côté, M. Mangiavacchi, régisseur de l'Enfida, a indiqué, non loin de là, les traces presque disparues d'une vaste cité berbère. Quelle pouvait être cette ville qui a couvert de ses morts une étendue de quarante hectares ?

Chez les Orientaux, d'ailleurs, on est frappé sans cesse par la place abandonnée aux ancêtres dans ce monde. Les cimetières sont immenses, innombrables. On en rencontre partout. Les tombes, dans la ville du Caire, tiennent plus de place que les maisons. Chez nous, au contraire, la terre coûte cher et les disparus ne comptent plus. On les empile, on les entasse l'un contre l'autre, l'un sur l'autre, l'un dans l'autre, en un petit coin, hors la ville, dans la banlieue, entre quatre murs. Les dalles de marbre et les croix de bois couvrent des générations enfouies là depuis des siècles. C'est un fumier de morts à la porte des villes. On leur donne tout juste le temps de perdre leur forme dans la terre engraissée déjà par la pourriture humaine, le temps de mêler encore leur chair décomposée à cette argile cadavérique ; puis, comme d'autres arrivent sans cesse, et qu'on cultive dans les champs voisins des plantes potagères pour les vivants, on fouille à coups de pioche ce sol mangeur d'hommes, on en arrache les os rencontrés, têtes, bras, jambes, côtes, de mâles, de femelles et d'enfants, oubliés et confondus ensemble ; on les jette, pêle-mêle, dans une tranchée, et on offre aux morts récents, aux morts dont on sait encore le nom, la place volée aux autres que personne ne connaît plus, que le néant a repris tout entiers ; car il faut être économe dans les sociétés civilisées.

En sortant de ce cimetière antique et démesuré, nous apercevons une maison blanche. C'est El-Menzel, l'intendance sud de l'Enfida, où finit notre étape.

Comme nous étions restés longtemps à causer après dîner, l'idée nous vint de sortir quelques minutes avant de nous mettre au lit. Un clair de lune magnifique éclairait le steppe et, glissant entre les écailles de cactus énormes poussés à quelques mètres devant nous, leur donnait l'aspect surnaturel d'un troupeau de bêtes infernales éclatant tout à coup et jetant en l'air, en tout sens, les plaques rondes de leurs corps affreux.

Nous étant arrêtés pour les regarder, un bruit lointain, continu, puissant, nous frappa. C'étaient des voix innombrables, aiguës ou graves, de tous les timbres imaginables, des sifflements, des cris, des appels, la rumeur inconnue et terrifiante d'une foule affolée, d'une foule innommable, irréelle, qui devait se battre quelque part, on ne savait où, dans le ciel ou sur la terre. Tendant l'oreille vers tous les points de l'horizon, nous finîmes par découvrir que cette clameur venait du sud. Alors quelqu'un s'écria : « Mais ce sont les oiseaux du lac Triton ! »

Nous devions en effet, le lendemain, passer à côté de ce lac appelé par les Arabes El-Kelbia (la chienne), d'une superficie de dix mille à treize mille hectares, dont certains géographes modernes font l'ancienne mer intérieure d'Afrique, qu'on avait placée jusqu'ici dans les chotts Fedjedj, R'arsa et Melr'ir.

C'était bien, en effet, le peuple piaillard des oiseaux d'eau, campé comme une armée de tribus diverses, sur les bords du lac, éloigné cependant de seize kilomètres qui faisait dans la nuit ce grand vacarme confus, car ils sont là des milliers, de toute race, de toute forme, de toute plume, depuis le canard au nez plat, jusqu'à la cigogne au long bec. Il y a des armées de flamants et de grues, des flottes de macreuses et de goélands, des régiments de grèbes, de pluviers, de bécassines, de mouettes. Et sous les doux clairs de lune, toutes ces bêtes, égayées par la belle nuit, loin de l'homme, qui n'a point de demeure près de leur grand royaume liquide, s'agitent, poussent leurs cris, causent sans doute en leur langue d'oiseaux, emplissent le ciel lumineux de leurs voix perçantes, auxquelles répondent seulement l'aboiement lointain des chiens arabes ou le jappement des chacals.

14 décembre.

Après avoir encore traversé quelques plaines cultivées çà et là par les indigènes, mais demeurées la plupart du temps complètement incultes, bien que très fertilisables, nous découvrons sur la gauche la longue nappe d'eau du lac Triton. On s'en approche peu à peu, et on y croit voir des îles, de grandes îles nombreuses, tantôt blanches, tantôt noires. Ce sont des peuplades d'oiseaux qui nagent, qui flottent, par masses compactes. Sur les bords, des grues énormes se promènent deux par deux, trois par trois, sur leurs hautes pattes. On en aperçoit d'autres dans la plaine, entre les touffes du maquis que dominent leurs têtes inquiètes.

Ce lac, dont la profondeur atteint six ou huit mètres, a été complètement à sec cet été, après les quinze mois de sécheresse qu'a subis la Tunisie, ce qui ne s'était pas vu de mémoire d'homme. Mais, malgré son étendue considérable, en un seul jour il fut rempli à l'automne, car c'est en lui que se ramassent toutes les pluies tombées sur les montagnes du centre. La grande richesse future de ces campagnes tient à ceci, qu'au lieu d'être traversées par des rivières souvent vides, mais au cours précis et qui canalisent l'eau du ciel, comme l'Algérie, elles sont à peine parcourues par des ravines où le moindre barrage suffit pour arrêter les torrents. Or, leur niveau étant partout le même, chaque averse tombée sur les monts lointains se répand sur la plaine entière, en fait, pendant plusieurs jours ou pendant plusieurs heures, un immense marécage, et y dépose, à chacune de ces inondations, une couche nouvelle de limon qui l'engraisse et la fertilise, comme une Égypte qui n'aurait point de Nil.

Nous arrivons maintenant en des landes illimitées, où se répand une lèpre intermittente, une petite plante grasse vert-de-grisâtre dont les chameaux sont très friands. Aussi aperçoit-on, pâturant à perte de vue, d'immenses troupeaux de dromadaires. Quand nous passons au milieu d'eux, ils nous regardent de leurs gros yeux luisants, et on se croirait aux premiers temps du monde, aux jours où le Créateur hésitant jetait à poignées sur la terre, comme pour juger la valeur et l'effet de son œuvre douteuse, les races informes qu'il a depuis peu à peu détruites, tout en laissant survivre quelques types primitifs sur ce grand continent négligé, l'Afrique, où il a oublié dans les sables la girafe, l'autruche et le dromadaire.

Ah ! la drôle et gentille chose que voici : une chamelle qui vient de mettre bas, et qui s'en va vers le campement, suivie de son chamelet que poussent, avec des branches, deux petits Arabes dont la figure n'arrive pas au derrière du petit chameau. Il est grand, lui, déjà, monté sur des jambes très hautes portant un rien du tout de corps que terminent un cou d'oiseau et une tête étonnée dont les yeux regardent depuis un quart d'heure seulement ces choses nouvelles : le jour, la lande et la bête qu'il suit. Il marche très bien pourtant, sans embarras, sans hésitation, sur ce terrain inégal, et il commence à flairer la mamelle, car la nature ne l'a fait si haut, cet animal vieux de quelques minutes, que pour lui permettre d'atteindre au ventre escarpé de sa mère.

En voici d'autres âgés de quelques jours, d'autres encore âgés de quelques mois, puis de très grands, dont le poil a l'air d'une broussaille, d'autres tout jaunes, d'autres d'un gris blanc, d'autres noirâtres. Le paysage devient tellement étrange que je n'ai jamais rien vu qui lui ressemble. À droite, à gauche, des lignes de pierres sortent de terre, rangées comme des soldats, toutes dans le même ordre, dans le même sens, penchées vers Kairouan, invisible encore. On les dirait en marche, par bataillons, ces pierres dressées l'une derrière l'autre, par files droites, éloignées de quelques centaines de pas. Elles couvrent ainsi plusieurs kilomètres. Entre elles, rien que du sable argileux. Ce soulèvement est un des plus curieux du monde. Il a d'ailleurs sa légende.

Quand Sidi-Okba, avec ses cavaliers, arriva dans ce désert sinistre où s'étale aujourd'hui ce qui reste de la Ville sainte, il campa dans cette solitude. Ses compagnons, surpris de le voir s'arrêter dans ce lieu, lui conseillèrent de s'éloigner, mais il répondit : « Nous devons rester ici et même y fonder une ville, car telle est la volonté de Dieu. »

Ils lui objectèrent qu'il n'y avait ni eau pour boire, ni bois ni pierres pour construire.

Sidi-Okba leur imposa silence par ces mots : « Dieu y pourvoira. »

Le lendemain, on vint lui annoncer qu'une levrette avait trouvé de l'eau. On creusa donc à cet endroit, et on découvrit, à seize mètres sous le sol, la source qui alimente le grand puits coiffé d'une coupole où un chameau tourne, tout le long du jour, la manivelle élévatoire.

Le lendemain encore, des Arabes, envoyés à la découverte, annoncèrent à Sidi-Okba qu'ils avaient aperçu des forêts sur les pentes de montagnes voisines.

Et le jour suivant, enfin, des cavaliers, partis le matin, rentrèrent au galop, en criant qu'ils venaient de rencontrer des pierres, une armée de pierres en marche, envoyées par Dieu sans aucun doute.

Kairouan, malgré ce miracle, est construite presque entièrement en brique.

Mais voilà que la plaine est devenue un marais de boue jaune où les chevaux glissent, tirent sans avancer, s'épuisent et s'abattent. Ils enfoncent dans cette vase gluante jusqu'aux genoux. Les roues y entrent jusqu'aux moyeux. Le ciel s'est couvert, la pluie tombe, une pluie fine qui embrume l'horizon. Tantôt le chemin semble meilleur quand on gravit une des sept ondulations appelées les sept collines de Kairouan, tantôt il redevient un épouvantable cloaque lorsqu'on redescend dans l'entre-deux. Soudain la voiture s'arrête ; une des roues de derrière est enrayée par le sable.

Il faut mettre pied à terre et se servir de ses jambes. Nous voici donc sous la pluie, fouettés par un vent furieux, levant à chaque pas une énorme botte de glaise qui englue nos chaussures, appesantit notre marche jusqu'à la rendre exténuante, plongeant parfois en des fondrières de boue, essoufflés, maudissant le sol glacial, et faisant vers la cité sacrée un pèlerinage qui nous vaudra peut-être quelque indulgence après ce monde, si, par hasard, le Dieu du Prophète est le vrai.

On sait que, pour les croyants, sept pèlerinages à Kairouan valent un pèlerinage à La Mecque.

Après un kilomètre ou deux de ce piétinement épuisant,

j'entrevois dans la brume, au loin, devant moi, une tour mince et pointue à peine visible, à peine plus teintée que le brouillard, et dont le sommet se perd dans la nuée. C'est une apparition vague et saisissante qui se précise peu à peu, prend une forme plus nette et devient un grand minaret debout dans le ciel sans qu'on voie rien autre chose, rien autour, rien au-dessous : ni la ville, ni les murs, ni les coupoles des mosquées. La pluie nous fouette la figure, et nous allons lentement vers ce phare grisâtre dressé devant nous comme une tour fantôme qui va tout à l'heure s'effacer, rentrer dans la nappe de brume où elle vient de surgir.

Puis, sur la droite, s'estompe un monument chargé de dômes : c'est la mosquée dite du Barbier, et enfin apparaît la ville, une masse indistincte, indécise, derrière le rideau de pluie ; et le minaret semble moins grand que tout à l'heure, comme s'il venait de s'enfoncer dans les murs après s'être élevé jusqu'au firmament pour vous guider vers la cité.

Oh ! la triste cité perdue dans ce désert, en cette solitude aride et désolée ! Par les rues étroites et tortueuses, les Arabes, à l'abri dans les échoppes des vendeurs, nous regardent passer ; et, quand nous rencontrons une femme, ce spectre noir entre ces murs jaunis par l'averse semble la Mort qui se promène.

L'hospitalité nous est offerte par le gouverneur tunisien de Kairouan, Si Mohammed el-Marabout, général du bey, très noble et très pieux musulman ayant accompli trois fois déjà le pèlerinage de La Mecque. Il nous conduit, avec une politesse empressée et grave, vers les chambres destinées aux étrangers, où nous trouvons de grands divans et d'admirables couvertures arabes dans lesquelles on se roule pour dormir. Pour nous faire honneur, un de ses fils nous apporte, de ses propres mains, tous les objets dont nous avons besoin.

Nous dînons, ce soir même, chez le contrôleur civil et consul français, où nous trouvons un accueil charmant et gai, qui nous réchauffe et nous console de notre triste arrivée.

15 décembre.

Le jour ne paraît pas encore quand un de mes compagnons me réveille. Nous avons projeté de prendre un bain maure dès la première heure, avant de visiter la ville.

On circule déjà par les rues, car les Orientaux se lèvent avant le soleil, et nous apercevons entre les maisons un beau ciel propre et pâle plein de promesses de chaleur et de lumière.

On suit des ruelles, encore des ruelles, on passe le puits où le chameau emprisonné dans la coupole tourne sans fin pour monter l'eau, et on pénètre dans une maison sombre, aux murs épais, où l'on ne voit rien d'abord, et dont l'atmosphère humide et chaude suffoque un peu dès l'entrée.

Puis on aperçoit des Arabes qui sommeillent sur des nattes ; et le propriétaire du lieu, après nous avoir fait dévêtir, nous introduit dans les étuves, sorte de cachots noirs et voûtés où le jour naissant tombe du sommet par une vitre étroite, et dont le sol est couvert d'une eau gluante dans laquelle on ne peut marcher sans risquer, à chaque pas, de glisser et de tomber.

Or, après toutes les opérations du massage, quand nous revenons au grand air, une ivresse de joie nous étourdit, car le soleil levé illumine les rues et nous montre, blanche comme toutes les villes arabes, mais plus sauvage, plus durement caractérisée, plus marquée de fanatisme, saisissante de pauvreté visible, de noblesse misérable et hautaine, Kairouan la sainte.

Les habitants viennent de passer par une horrible disette, et on reconnaît bien partout cet air de famine qui semble répandu sur les maisons mêmes. On vend, comme dans les bourgades du centre africain, toutes sortes d'humbles choses en des boutiques grandes comme des boîtes, où les marchands sont accroupis à la turque. Voici des dattes de Gafsa ou du Souf, agglomérées en gros paquets de pâte visqueuse, dont le vendeur, assis sur la même planche, détache des fragments avec ses doigts. Voici des légumes, des piments, des pâtes, et dans les souks, longs bazars tortueux et voûtés, des étoffes, des tapis, de la sellerie ornementée de broderies d'or et d'argent, et une inimaginable quantité de savetiers qui fabriquent des babouches de cuir jaune. Jusqu'à l'occupation française, les Juifs n'avaient pu s'établir en cette ville impénétrable. Aujourd'hui ils y pullulent et la rongent. Ils détiennent déjà les bijoux des femmes et les titres de propriété d'une partie des maisons, sur lesquelles ils ont prêté de l'argent, et dont ils deviennent vite possesseurs, par suite du système de renouvellement et de multiplication de la dette qu'ils pratiquent avec une adresse et une rapidité infatigables.

Nous allons vers la mosquée Djama-Kebir ou de Sidi-Okba, dont le haut minaret domine la ville et le désert qui l'isole du monde. Elle nous apparaît soudain, au détour d'une rue. C'est un immense et pesant bâtiment soutenu par d'énormes contreforts, une masse blanche, lourde, imposante, belle d'une beauté inexplicable et sauvage. En y pénétrant apparaît d'abord une cour magnifique enfermée par un double cloître que supportent deux lignes élégantes de colonnes romaines et romanes. On se croirait dans l'intérieur d'un beau monastère d'Italie.

La mosquée proprement dite est à droite, prenant jour sur cette cour par dix-sept portes à double battant, que nous faisons ouvrir toutes grandes avant d'entrer.

Je ne connais par le monde que trois édifices religieux qui m'aient donné l'émotion inattendue et foudroyante de ce barbare et surprenant monument : le mont Saint-Michel, Saint-Marc de Venise, et la chapelle Palatine à Palerme.

Ceux-là sont les œuvres raisonnées, étudiées, admirables, de grands architectes sûrs de leurs effets, pieux sans doute, mais artistes avant tout, qu'inspira l'amour des lignes, des formes et de la beauté décorative, autant et plus que l'amour de Dieu. Ici c'est autre chose. Un peuple fanatique, errant, à peine capable de construire des murs, venu sur une terre couverte de ruines laissées par ses prédécesseurs, y ramassa partout ce qui lui parut le plus beau, et, à son tour, avec ces débris de même style et de même ordre, éleva, mû par une inspiration sublime, une demeure à son Dieu, une demeure faite de morceaux arrachés aux villes croulantes, mais aussi parfaite et aussi magnifique que les plus pures conceptions des plus grands tailleurs de pierre.

Devant nous apparaît un temple démesuré, qui a l'air d'une forêt sacrée, car cent quatre-vingts colonnes d'onyx, de porphyre et de marbre supportent les voûtes de dix-sept nefs correspondant aux dix-sept portes.

Le regard s'arrête, se perd dans cet emmêlement profond de minces piliers ronds d'une élégante irréprochable, dont toutes les nuances se mêlent et s'harmonisent, et dont les chapiteaux byzantins, de l'école africaine et de l'école orientale, sont d'un travail rare et d'une diversité infinie. Quelques-uns m'ont paru d'une beauté parfaite. Le plus original peut-être représente un palmier tordu par le vent.

À mesure que j'avance en cette demeure divine, toutes les colonnes semblent se déplacer, tourner autour de moi et former des figures variées d'une régularité changeante.

Dans nos cathédrales gothiques, le grand effet est obtenu par la disproportion voulue de l'élévation avec la largeur. Ici, au contraire, l'harmonie unique de ce temple bas vient de la proportion et du nombre de ces fûts légers qui portent l'édifice, l'emplissent, le peuplent, le font ce qu'il est, créent sa grâce et sa grandeur. Leur multitude colorée donne à l'œil l'impression de l'illimité, tandis que l'étendue peu élevée de l'édifice donne à l'âme une sensation de pesanteur. Cela est vaste comme un monde, et on y est écrasé sous la puissance d'un Dieu.

Le Dieu qui a inspiré cette œuvre d'art superbe est bien celui qui dicta le Coran, non point celui des Évangiles. Sa morale ingénieuse s'étend plus qu'elle ne s'élève, nous étonne par sa propagation plus qu'elle ne nous frappe par sa hauteur.

Partout on rencontre de remarquables détails. La chambre du sultan, qui entrait par une porte réservée, est faite d'une muraille en bois ouvragée comme par des ciseleurs.

La chaire aussi, en panneaux curieusement fouillés, donne un effet très heureux, et la mihrab qui indique La Mecque est une admirable niche de marbre sculpté, peint et doré d'une décoration et d'un style exquis.

À côté de cette mihrab, deux colonnes voisines laissent à peine entre elles la place de glisser un corps humain. Les Arabes qui peuvent y passer sont guéris des rhumatismes d'après les uns. D'après les autres, ils obtiendraient certaines faveurs plus idéales.

En face de la porte centrale de la mosquée, la neuvième, à droite comme à gauche, se dresse, de l'autre côté de la cour, le minaret. Il a cent vingt-neuf marches. Nous les montons.

De là-haut, Kairouan, à nos pieds, semble un damier de terrasses de plâtre, d'où jaillissent de tous côtés les grosses coupoles éblouissantes des mosquées et des koubbas. Tout autour, à perte de vue, un désert jaune, illimité, tandis que, près des murs, apparaissent çà et là les plaques vertes des champs de cactus. Cet horizon est infiniment vide et triste et plus poignant que le Sahara lui-même.

Kairouan, paraît-il, était beaucoup plus grande. On cite encore les noms des quartiers disparus.

Ce sont : Draâ-el-Temmar, colline des marchands de dattes ; Drâa-el-Ouiba, colline des mesureurs de blés ; Drâa-el-Kerrouïa, colline des marchands d'épices ; Drâa-el-Gatrania, colline des marchands de goudron ; Derb-es-Mesmar, le quartier des marchands de clous.

Isolée, hors la ville, distante à peine d'un kilomètre, la zaouïa, ou plutôt la mosquée de Sidi-Sahab (le barbier du Prophète), attire de loin le regard ; nous nous mettons en marche vers elle.

Toute différente de Djama-Kebir, dont nous sortons, celle-ci, nullement imposante, est bien la plus gracieuse, la plus colorée, la plus coquette des mosquées, et le plus parfait échantillon de l'art décoratif arabe que j'aie vu.

On pénètre par un escalier de faïences antiques, d'un style délicieux, dans une petite salle d'entrée pavée et ornée de la même façon. Une longue cour la suit, étroite, entourée d'un cloître aux arcs en fer à cheval retombant sur des colonnes romaines et donnant, quand on y entre par un jour éclatant, l'éblouissement du soleil coulant en nappe dorée sur tous ces murs recouverts également de faïences aux tons admirables et d'une variété infinie. La grande cour carrée où l'on arrive ensuite en est aussi entièrement décorée. La lumière luit, ruisselle, et vernit de feu cet immense palais d'émail, où s'illuminent sous le flamboiement du ciel saharien tous les dessins et toutes les colorations de la céramique orientale. Au-dessus courent des fantaisies d'arabesques inexprimablement délicates. C'est dans cette cour de féerie que s'ouvre la porte du sanctuaire qui contient le tombeau de Sidi-Sahab, compagnon et barbier du Prophète, dont il garda trois poils de barbe sur sa poitrine jusqu'à sa mort.

Ce sanctuaire, orné de dessins réguliers en marbre blanc et noir, où s'enroulent des inscriptions, plein de tapis épais et de drapeaux, m'a paru moins beau et moins imprévu que les deux cours inoubliables par où l'on y parvient.

En sortant, nous traversons une troisième cour peuplée de jeunes gens. C'est une sorte de séminaire musulman, une école de fanatiques.

Toutes ces zaouïas dont le sol de l'Islam est couvert sont pour ainsi dire les œufs des innombrables ordres et confréries entre lesquels se partagent les dévotions particulières des croyants.

Les principales de Kairouan (je ne parle pas des mosquées qui appartiennent à Dieu seul) sont : zaouïa de Si-Mohammed-Elouani ; zaouïa de Sidi-Abd-el-Kader-ed-Djilani, le plus grand saint de l'Islam et le plus vénéré ; zaouïa d'El-Tidjani ; zaouïa de Si-Hadid-el-Khrangani ; zaouïa de Sidi-Mohammed-ben-Aïssa de Meknès, qui contient des tambourins, des instruments indispensables aux cérémonies sauvages des Aïssaoua.

Ces innombrables ordres et confréries de l'Islam, qui rappellent par beaucoup de points nos ordres catholiques, et qui, placés sous l'invocation d'un marabout vénéré, se rattachent au Prophète par une chaîne de pieux docteurs que les Arabes nomment « Selselat », ont pris, depuis le commencement du siècle surtout, une extension considérable et sont le plus redoutable rempart de la religion mahométane contre la civilisation et la domination européennes.

Sous ce titre : *Marabouts et Khouan,* M. le commandant Rinn les a énumérés et analysés d'une façon aussi complète que possible.

Je trouve en ce livre quelques textes des plus curieux sur les doctrines et pratiques de ces confédérations.

Chacune d'elles affirme avoir conservé intacte l'obéissance aux cinq commandements du Prophète et tenir de lui la seule voie pour atteindre l'union avec Dieu, qui est le but de tous les efforts religieux des musulmans.

Malgré cette prétention à l'orthodoxie absolue et à la pureté de la doctrine, tous ces ordres et confréries ont des usages, des enseignements et des tendances fort divergents.

Les uns forment de puissantes associations pieuses, dirigées par des savants théologistes de vie austère, hommes vraiment supérieurs, aussi instruits théoriquement que redoutables diplomates dans leurs relations avec nous, et qui gouvernent avec une rare habileté ces écoles de science sacrée, de morale élevée et de combat contre l'Européen. Les autres forment de bizarres assemblages de fanatiques ou de charlatans, ont l'air de troupes de bateleurs religieux, tantôt exaltés, convaincus, tantôt purs saltimbanques exploitant la bêtise et la foi des hommes.

Comme je l'ai dit, le but unique des efforts de tout bon musulman est l'union intime avec Dieu. Divers procédés mystiques conduisent à cet état parfait, et chaque confédération possède sa méthode d'entraînement. En général, cette méthode mène le simple adepte à un état d'abrutissement absolu, qui en fait un instrument aveugle et docile aux mains du chef.

Chaque ordre a, à sa tête, un cheik, maître de l'ordre : « Tu seras entre les mains de ton cheik comme le cadavre entre les mains du laveur des morts. Obéis-lui en tout ce qu'il a ordonné, car c'est Dieu même qui commande par sa voix. Lui désobéir, c'est encourir la colère de Dieu. N'oublie pas que tu es son esclave et que tu ne dois rien faire sans son ordre.

« Le cheik est l'homme chéri de Dieu ; il est supérieur à toutes les autres créatures et prend rang après les prophètes. Ne vois donc que lui, lui partout. Bannis de ton cœur toute autre pensée que celle qui aurait Dieu ou le cheik pour objet. »

Au-dessous de ce personnage sacré sont les *moquaddem*, vicaires du cheik, propagateurs de la doctrine.

Enfin, les simples initiés à l'ordre s'appellent les *khouan*, les frères.

Chaque confrérie, pour atteindre l'état d'hallucination où l'homme se confond avec Dieu, a donc son oraison spéciale, ou plutôt sa gymnastique d'abrutissement. Cela se nomme le *dirkr*.

C'est presque toujours une invocation très courte, ou plutôt l'énoncé d'un mot ou d'une phrase qui doit être répété un nombre infini de fois.

Les adeptes prononcent, avec des mouvements réguliers de la tête et du cou, deux cents, cinq cents, mille fois de suite, soit le mot Dieu, soit la formule qui revient en toutes leurs prières : « Il n'y a de divinité que Dieu », en y ajoutant quelques versets dont l'ordre est le signe de reconnaissance de la confrérie.

Le néophyte, au moment de son initiation, s'appelle *talamid*, puis après l'initiation il devient *mourid*, puis *faqir*, puis *soufi*, puis *salek*, puis *med jedoub* (le ravi, l'halluciné).

C'est à ce moment que se déclare chez lui l'inspiration ou la folie, l'esprit se séparant de la matière et obéissant à la poussée d'une sorte d'hystérie mystique. L'homme, dès lors, n'appartient plus à la vie physique. La vie spirituelle seule existe pour lui, et il n'a plus besoin d'observer les pratiques du culte.

Au-dessus de cet état, il n'y a plus que celui de *tuhid*, qui est la suprême béatitude, l'identification avec Dieu.

L'extase aussi a ses degrés, qui sont très curieusement décrits par Cheik-Snoussi, affilié à l'ordre des Khelouatya, visionnaires-interprètes des songes. On remarquera les rapprochements étranges qu'on peut faire entre ces mystiques et les mystiques chrétiens.

Voici ce qu'écrit Cheik-Snoussi : « ... L'adepte jouit ensuite de la manifestation d'autres lumières qui sont pour lui le plus parfait des talismans.

« Le nombre de ces lumières est de soixante-dix mille ; il se subdivise en plusieurs séries, et compose les *sept degrés* par lesquels on parvient à l'état parfait de l'âme. Le premier de ces degrés est l'humanité. On y aperçoit dix mille lumières, perceptibles seulement pour ceux qui peuvent y arriver ; leur couleur est terne. Elles s'entremêlent les unes dans les autres... Pour atteindre le second, il faut que le cœur se soit sanctifié. Alors on découvre dix mille autres lumières inhérentes à ce second degré, qui est celui de *l'extase passionnée ;* leur couleur est bleu clair... On arrive au troisième degré, qui est *l'extase du cœur*. Là on voit l'enfer et ses attributs, ainsi que dix mille autres lumières dont la couleur est aussi rouge que celle produite par une flamme pure... Ce point est celui qui permet de voir les génies et tous leurs attributs, car le cœur peut jouir de sept états spirituels accessibles seulement à certains affiliés.

« S'élevant ensuite à un autre degré, on voit dix mille lumières nouvelles, inhérentes à l'état d'extase de l'âme immatérielle. Ces lumières sont d'une couleur jaune très accentuée. On y aperçoit les âmes des prophètes et des saints.

« Le cinquième degré est celui de l'extase mystérieuse. On y contemple les anges et dix mille autres lumières d'un blanc éclatant.

« Le sixième est celui de l'extase d'obsession. On y jouit aussi de dix mille autres lumières dont la couleur est celle des miroirs limpides. Parvenu à ce point, on ressent un délicieux ravissement d'esprit qui a pris le nom d'*el-Khadir* et qui est le principe de la vie spirituelle. Alors seulement on voit notre prophète Mohammed.

« Enfin on arrive aux dix mille dernières lumières cachées en atteignant ce septième degré, qui est la béatitude. Ces lumières sont vertes et blanches ; mais elles subissent des transformations successives : ainsi elles passent par la couleur des pierres précieuses pour prendre ensuite une teinte claire, puis enfin acquièrent une autre teinte qui n'a pas de similitude avec une autre, qui est sans ressemblance, qui n'existe nulle part, mais qui est répandue dans tout l'univers... Parvenu à cet état, les attributs de Dieu se dévoilent... Il ne semble plus alors qu'on appartienne à ce monde. Les choses terrestres disparaissent pour vous. »

Ne voilà-t-il pas les sept châteaux du ciel de sainte Thérèse et les sept couleurs correspondant aux sept degrés de l'extase ? Pour atteindre cet affolement, voici le procédé spécial employé par les Khelouatya :

« On s'assoit les jambes croisées et on répète pendant un certain temps : "Il n'y a de dieu qu'Allah", en portant la bouche alternativement de dessus l'épaule droite, au-devant du cœur, sous le sein gauche. Ensuite on récite l'invocation qui consiste à articuler les noms de Dieu, qui implique l'idée de sa grandeur et de sa puissance, en ne citant que les dix suivants, dans l'ordre où ils se trouvent placés : Lui, Juste, Vivant, Irrésistible, Donneur par excellence, Pourvoyeur par excellence, Celui qui ouvre à la vérité les cœurs des hommes endurcis, Unique, Éternel, Immuable. »

Les adeptes, à la suite de chacune des invocations, doivent réciter cent fois de suite ou même plus certaines oraisons.

Ils se forment en cercle pour faire leurs prières particulières. Celui qui les récite, en disant *Lui*, avance la tête au milieu du rond en l'obliquant à droite, puis il la reporte en arrière, du côté gauche, vers la partie extérieure. Un seul d'entre eux commence à dire le mot *Lui* ; après quoi tous les autres en chœur, en faisant aller la tête à droite, puis à gauche.

Comparons ces pratiques avec celles des Quadrya. « S'étant assis, les jambes croisées, ils touchent l'extrémité du pied droit, puis l'artère principale nommée *el-Kias* qui contourne les entrailles, ils placent la main ouverte, les doigts écartés, sur le genou, portent la face vers l'épaule droite en disant *ha*, puis vers l'épaule gauche en disant *hou*, puis la baissent en disant *hi*, puis recommencent. Il importe, et cela est indispensable, que celui qui les prononce s'arrête sur le premier de ces noms aussi longtemps que son haleine le lui permet ; puis, quand il s'est purifié, il appuie de la même manière sur le nom de Dieu, tant que son âme peut être sujette au reproche ; ensuite il articule le nom *hou* quand la personne est disposée à l'obéissance ; enfin, lorsque l'âme a atteint le degré de perfection désirable, il peut dire le dernier nom *hi*. »

Ces prières, qui doivent amener l'anéantissement de l'individualité de l'homme, absorbé dans l'essence de Dieu (c'est-à-dire l'état à la suite duquel on arrive à la contemplation de Dieu en ses attributs), s'appellent *ouerd-debered.*

Mais parmi toutes les confréries algériennes, c'est assurément celle des Aïssaoua qui attire le plus violemment la curiosité des étrangers.

On sait les pratiques épouvantables de ces jongleurs hystériques qui, après s'être entraînés à l'extase en formant une sorte de chaîne magnétique et en récitant leurs prières, mangent les feuilles épineuses des cactus, des clous, du verre pilé, des scorpions, des serpents. Souvent ces fous dévorent avec des convulsions affreuses un mouton vivant, laine, peau, chair sanglante et ne laissent à terre que quelques os. Ils s'enfoncent des pointes de fer dans les joues ou dans le ventre ; et on trouve après leur mort, quand on fait leur autopsie, des objets de toute nature entrés dans les parois de l'estomac.

Eh bien, on rencontre dans les textes des Aïssaoua les plus poétiques prières et les plus poétiques enseignements de toutes les confréries islamiques.

Je cite, d'après M. le commandant Rinn, quelques phrases seulement :

« Le Prophète dit un jour à Abou-Dirr-el-R'ifari : "Ô Abou-Dirr le rire des pauvres est une adoration ; leurs yeux, la proclamation de la louange de Dieu ; leur sommeil, l'aumône."

« Le cheik a encore dit :

« "Prier et jeûner dans la solitude et n'avoir aucune

compassion dans le cœur, cela s'appelle, dans la bonne voie, de l'hypocrisie.

« L'amour est le degré le plus complet de la perfection. Celui qui n'aime pas n'est arrivé à rien dans la perfection. Il y a quatre sortes d'amour : l'amour par l'intelligence, l'amour par le cœur, l'amour par l'âme, l'amour mystérieux... " »

Qui donc a jamais défini l'amour d'une manière plus complète, plus subtile et plus belle ?

On pourrait multiplier à l'infini les citations.

Mais, à côté de ces ordres mystiques qui appartiennent aux grands rites orthodoxes musulmans, existe une secte dissidente, celle des Ibadites ou Beni-Mzab, qui présente des particularités fort curieuses.

Les Beni-Mzab habitent, au sud de nos possessions algériennes, dans la partie la plus aride du Sahara, un petit pays, le Mzab, qu'ils ont rendu fertile par de prodigieux efforts.

On retrouve avec stupéfaction, dans la petite république de ces puritains de l'Islam, les principes gouvernementaux de la commune socialiste, en même temps que l'organisation de l'Église presbytérienne en Écosse. Leur morale est dure, intolérante, inflexible. Ils ont l'horreur de l'effusion du sang et ne l'admettent que pour la défense de la foi. La moitié des actes de la vie, le contact accidentel ou volontaire de la main d'une femme, d'un objet humide, sale ou défendu, sont des fautes graves qui réclament des ablutions particulières et prolongées.

Le célibat, qui pousse à la débauche, la colère, les chants, la musique, le jeu, la danse, toutes les formes du luxe, le tabac, le café pris dans un établissement public, sont des péchés qui peuvent faire encourir, si on y persévère, une redoutable excommunication appelée la *tebria*.

Contrairement à la doctrine de la plupart des congréganistes musulmans, qui déclarent les pratiques pieuses, les oraisons et l'exaltation mystique suffisantes pour sauver le fidèle, quels que soient ses actes, les Ibadites n'admettent le salut éternel de l'homme que par la pureté de sa vie. Ils poussent à l'excès l'observation des prescriptions du Coran, traitent en hérétiques les derviches et les fakirs, ne croient pas valable auprès de Dieu, maître souverainement juste et inflexible, l'intervention des prophètes ou saints, dont cependant ils vénèrent la mémoire. Ils nient les inspirés et les illuminés, et ne reconnaissent pas même à l'iman le droit d'amnistier son semblable, car Dieu seul peut être juge de l'importance des fautes et de la valeur du repentir.

Les Ibadites sont d'ailleurs des schismatiques, qui appartiennent au plus ancien des schismes de l'Islam, et descendent des assassins d'Ali, gendre du Prophète.

Mais les ordres qui comptent en Tunisie le plus d'adhérents semblent être en première ligne, avec les Aïssaoua, ceux des Tidjanya et des Quadrya, ce dernier fondé par Abd-el-Kader-el-Djinani, le plus saint homme de l'Islam, après Mohammed.

Les zaouïas de ces deux marabouts, que nous visitons après celle du Barbier, sont loin d'atteindre l'élégance et la beauté des deux monuments que nous avons vus d'abord.

16 décembre.

La sortie de Kairouan vers Sousse augmente encore l'impression de tristesse de la Ville sainte.

Après de longs cimetières, vastes champs de pierres, voici des collines d'ordures faites des détritus de la ville, accumulés depuis des siècles ; puis recommence la plaine marécageuse, où on marche souvent sur des carapaces de petites tortues, puis toujours la lande où pâturent des chameaux. Derrière nous la ville, les dômes, les mosquées, les minarets se dressent dans cette solitude morne, comme un mirage du désert, puis peu à peu s'éloignent et disparaissent.

Après plusieurs heures de marche, la première halte a lieu près d'une koubba, dans un massif d'oliviers. Nous sommes à Sidi-L'Hanni, et je n'ai jamais vu le soleil faire d'une coupole blanche une plus étonnante merveille de couleur. Est-elle blanche ? — Oui, blanche à aveugler ! et pourtant la lumière se décompose si étrangement sur ce gros œuf, qu'on y distingue une féerie de nuances mystérieuses, qui semblent évoquées plutôt qu'apparues, illusoires plus que réelles, et si fines, si délicates, si noyées dans ce blanc de neige qu'elles ne s'y montrent pas tout de suite, mais après l'éblouissement et la surprise du premier regard. Alors on n'aperçoit plus qu'elles, si nombreuses, si diverses, si puissantes et presque invisibles pourtant ! Plus on regarde, plus elles s'accentuent.

Des ondes d'or coulent sur ces contours, secrètement éteintes dans un bain lilas, léger comme une buée que traversent par places des traînées bleuâtres. L'ombre immobile d'une branche est peut-être grise, peut-être verte, peut-être jaune ? Je ne sais pas. Sous l'abri de la corniche, le mur, plus bas, me semble violet ; et je devine que l'air est mauve autour de ce dôme aveuglant qui me paraît à présent presque rose, oui, presque rose, quand on le contemple trop, quand la fatigue de son rayonnement mêle tous ces tons si fins et si clairs qu'ils affolent les yeux. Et l'ombre, l'ombre de cette koubba sur ce sol, de quelle nuance est-elle ? Qui pourra le savoir, le montrer, le peindre ? Pendant combien d'années faudra-t-il tremper nos yeux et notre pensée dans ces colorations insaisissables, si nouvelles pour nos organes instruits à voir l'atmosphère de l'Europe, ses effets et ses reflets, avant de comprendre celles-ci, de les distinguer et de les exprimer jusqu'à donner à ceux qui regarderont les toiles où elles seront fixées par un pinceau d'artiste la complète émotion de la vérité ?

Nous entrons à présent dans une région moins nue, où l'olivier pousse. À Moureddin, auprès d'un puits, une superbe fille rit et montre ses dents en nous voyant passer, et, un peu plus loin, nous devançons un élégant bourgeois de Sousse qui rentre à la ville, monté sur son âne et suivi de son nègre qui porte son fusil. Il vient sans doute de visiter son champ d'oliviers ou sa vigne ! Dans le chemin encaissé entre les arbres, c'est un tableautin charmant. L'homme est jeune, vêtu d'une veste verte et d'un gilet rose en partie cachés sous un burnous de soie drapant les reins et les épaules. Assis comme une femme sur son âne qui trottine, il lui tambourine le flanc de ses deux jambes moulées sous des bas d'une blancheur parfaite, tandis qu'il retient fixés à ses pieds, on ne sait comment, deux brodequins vernis qui n'adhèrent point à ses talons.

Et le petit nègre, habillé tout de rouge, court, son fusil sur l'épaule, avec une belle souplesse sauvage, derrière l'âne de son maître.

Voici Sousse.

Mais je l'ai vue, cette ville ! Oui, oui, j'ai eu cette vision lumineuse autrefois, dans ma toute jeune vie ; au collège, quand j'apprenais les croisades dans l'*Histoire de France* de

Burette. Oh ! je la connais depuis si longtemps ! Elle est pleine de Sarrasins, derrière ce long rempart crénelé, si haut, si mince, avec ses tours de loin en loin, ses portes rondes, et les hommes à turban qui rôdent à son pied. Oh ! cette muraille, c'est bien celle dessinée dans le livre à images, si régulière et si propre qu'on la dirait en carton découpé. Que c'est joli, clair et grisant ! Rien que pour voir Sousse, on devrait faire ce long voyage. Dieu ! l'amour de muraille qu'il faut suivre jusqu'à la mer, car les voitures ne peuvent entrer dans les rues étroites et capricieuses de cette cité des temps passés. Elle va toujours, la muraille, elle va jusqu'au rivage, pareille et crénelée, armée de ses tours carrées, puis elle fait une courbe, suit la rive, tourne encore, remonte et continue sa ronde, sans modifier une fois, pendant quelques mètres seulement, son coquet aspect de rempart sarrasin. Et sans finir, elle recommence, à la façon d'un chapelet dont chaque grain est un créneau et chaque dizaine une tourelle, enfermant dans son cercle éblouissant, comme dans une couronne de papier blanc, la ville serrée dans son étreinte et qui étage ses maisons de plâtre entre le mur du bas, baigné dans le flot, et le mur du haut, profilé sur le ciel.

Après avoir parcouru la cité, entremêlement de ruelles étonnantes, comme il nous reste une heure de jour, nous allons visiter, à dix minutes des portes, les fouilles que font les officiers sur l'emplacement de la nécropole d'Hadrumète. On y a découvert de vastes caveaux contenant jusqu'à vingt sépulcres et gardant des traces de peintures murales. Ces recherches sont dues aux officiers, qui deviennent, en ces pays, des archéologues acharnés, et qui rendraient à cette science de très grands services si l'administration des beaux-arts n'arrêtait leur zèle par des mesures vexatoires.

En 1860, on a mis au jour, en cette même nécropole, une très curieuse mosaïque représentant le labyrinthe de Crète, avec le minotaure au centre, et près de l'entrée une barque amenant Thésée, Ariane et son fil. Le bey voulut faire apporter à son musée cette pièce remarquable, qui fut totalement détruite en route. On a bien voulu m'en offrir une photographie faite sur un croquis de M. Larmande, dessinateur des Ponts et Chaussées. Il n'en existe que quatre, exécutées tout récemment. Je ne crois pas qu'une d'elles ait encore été reproduite.

Nous revenons à Sousse au soleil couchant, pour dîner chez le contrôleur civil de France, un des hommes les mieux renseignés et les plus intéressants à écouter parler des mœurs et des coutumes de ce pays.

De son habitation on domine la ville entière, cette cascade de toits carrés, vernis de chaux, où courent des chats noirs et où se dresse parfois le fantôme d'un être drapé en des étoffes pâles ou colorées. De place en place, un grand palmier passe la tête entre les maisons et étale le bouquet vert de ses branches au-dessus de leur blancheur unie.

Puis quand la lune se fut levée, cela devint une écume d'argent roulant à la mer, un rêve prodigieux de poète réalisé, l'apparition invraisemblable d'une cité fantastique d'où montait une lueur au ciel.

Puis nous avons erré fort longtemps par les rues. La baie d'un café maure nous tente. Nous entrons. Il est plein d'hommes assis ou accroupis, soit par terre, soit sur les planches garnies de nattes, autour d'un conteur arabe. C'est un vieux, gras, à l'œil malin, qui parle avec une mimique si drôle qu'elle suffirait à amuser. Il raconte une farce, l'histoire d'un imposteur qui voulut se faire passer pour marabout, mais que l'iman a dévoilé. Ses naïfs auditeurs sont ravis et suivent le récit avec une attention ardente, qu'interrompent seuls des éclats de rire. Puis nous nous remettons à marcher, ne pouvant, par cette nuit éblouissante, nous décider au sommeil.

Et voilà qu'en une rue étroite je m'arrête devant une belle maison orientale dont la porte ouverte montre un grand escalier droit, tout décoré de faïences et éclairé, du haut en bas, par une lumière invisible, une cendre, une poussière de clarté tombée on ne sait d'où. Sous cette lueur inexprimable, chaque marche émaillée attend quelqu'un, peut-être un vieux musulman ventru, mais je crois qu'elle appelle un pied d'amoureux. Jamais je n'ai mieux deviné, vu, compris, senti l'attente que devant cette porte ouverte et cet escalier vide où veille une lampe inaperçue. Au dehors, sur le mur éclairé par la lune, est suspendu un de ces grands balcons fermés qu'ils appellent une *barmakli*. Deux ouvertures sombres au milieu, derrière les riches ferrures contournées des moucharabis. Est-elle là dedans qui veille, qui écoute et nous déteste, la Juliette arabe dont le cœur frémit ? Oui, peut-être. Mais son désir tout sensuel n'est point de ceux qui, dans nos pays à nous, monteraient aux étoiles par des nuits pareilles. Sur cette terre amollissante et tiède, si captivante que la légende des Lotophages y est née dans l'île de Djerba, l'air est plus savoureux que partout, le soleil plus chaud, le jour plus clair, mais le cœur ne sait pas aimer. Les femmes, belles et ardentes, sont ignorantes de nos tendresses. Leur âme simple reste étrangère aux émotions sentimentales et leurs baisers, dit-on, n'enfantent point le rêve.

## TABLE DES MATIÈRES

Achevé d'imprimer
sur les presses des
établissements Dalex
à Montrouge (92120)

---

I.S.B.N. : 2-86931-025-0
Dépôt légal : 2e trimestre 1988